Le Miroir des Songes

Le Miroir des Songes

d'après les traditions orientales

Dépôt Légal
Seine
1759
1906

PARIS Ier
Publications Jules Rouff & Cie
4, Rue La Vrillière

PRÉFACE

La voix mystérieuse des songes a eu ses interprètes dès l'origine du monde.

Ouvrez les livres sacrés de l'Égypte et de l'Inde, parcourez la Bible, l'Évangile et le Coran, vous y verrez la part considérable faite aux visions et aux songes.

Mahomet est, de tous les fondateurs de religions, celui qui attache le plus d'importance à l'explication des songes.

Tous les matins il interrogeait ses disciples sur leurs rêves et il leur en expliquait la portée.

Les disciples du Prophète, continuant la tradition du maître, continuent de donner une grande importance à l'interprétation des songes.

Il est vrai qu'il existe des documents relatant certains rêves dont la réalisation avait été particulièrement frappante. Par exemple, le calife Omar rêva qu'un coq lui donnait trois coups de bec ; peu après, il tomba frappé de trois coups de poignard.

Ibn Sirin, médecin arabe qui paraît avoir vécu au VIIIe siècle avant l'ère chrétienne, est l'auteur d'un traité sur les songes où paraissent avoir puisé presque tous ceux qui se sont occupés de cette matière. Mais le résultat de ces remaniements successifs, c'est que le texte original a été fort dénaturé.

D'après les Arabes, il faut distinguer deux sortes de rêves : ceux qui paraissent mystérieux et sont inspirés par un être surnaturel, Dieu ou Satan, et ceux qui sont le résultat de causes naturelles (par exemple un homme souffrant du froid en dormant, et rêvant de neige ou de glace). La première catégorie seule est digne d'arrêter l'attention.

Pour avoir de l'importance, le rêve devait remplir certaines conditions. Selon Ibn Sirin, le dormeur, couché sur le côté droit, se sera abstenu de tout excès de nourriture ou de boisson. Il devra s'être endormi le cœur léger, la conscience tranquille, certain d'avoir obéi aux préceptes du Coran quant aux prières et aux ablutions. Les rêves du matin et de la journée avaient une plus grande portée que ceux de la nuit, surtout au printemps et en été.

D'autre part, n'était pas interprète qui voulait. C'était un métier qui rapportait gros, mais auquel on risquait sa tête. Quelle connaissance du cœur humain, quel tact, quelle habileté il fallait déployer, surtout lorsqu'il s'agissait d'expliquer les songes des puissants ! Témoins ces malheureux sages de l'Orient qui encoururent la disgrâce de leur souverain pour lui avoir dit : « Ô Seigneur ! si tu as vu tomber toutes tes dents en songe, tu verras bientôt périr toute ta famille ! ». Un jeune savant prétendit avoir trouvé une autre interprétation : « Vis heureux, ô mon Souverain, fit-il en se prosternant. Tu vivras plus longtemps que tous tes proches ! » Le souverain, charmé, combla d'honneurs l'habile courtisan.

Sous l'influence de l'astrologie, on divisait la semaine en jours favorables et jours néfastes ; ainsi les rêves faits le dimanche, le lundi, le jeudi et le vendredi présageaient en général du bonheur ; les autres jours..., mieux valait s'abstenir de rêver.

L'interprète exigeait que l'on rapportât fidèlement, sans rien omettre ni ajouter, le rêve dont on demandait l'explication. Les plus petites circonstances prenaient de l'importance : un chameau, un cheval passait-il pendant le récit qu'on faisait du songe, un oiseau chantait-il dans le voisinage, l'interprétation du rêve était modifiée.

Avec le temps, les Arabes simplifièrent cet art d'interpréter les songes ; il ne fut plus nécessaire d'avoir recours à des sages, chacun étant à même d'expliquer sans hésitation tous les rêves imaginables.

Les manuscrits arabes concernant l'interprétation des songes renferment presque tous le récit de rêves remarquables et leur explication. En voici deux exemples :

Un homme vit en songe dix cercueils qu'on emportait de sa maison. Dix, c'était exactement le nombre des habitants. Peu après, la peste éclata et fit périr neuf personnes. Le rêveur, certain d'être le dixième, se préparait à la mort. Un beau matin on trouva dans la cour le cadavre d'un homme; c'était un voleur qui s'était fracassé le crâne en tombant du toit. Le rêve était accompli. L'autre reprit courage et ne mourut pas.

Le propriétaire d'un jardin rêva qu'un ancien roi, mort depuis de longues années, lui désignait un certain endroit de son jardin.

D'après le livre de la science des songes, le roi avait dû être enterré à cette place, avec tous ses trésors. Le rêveur chercha et découvrit le squelette avec tout un riche trésor de monnaies.

Ces livres arabes sont des recueils complets de toutes les traditions orientales sur l'art d'interpréter les songes. C'est à ces sources primitives que nous sommes remontés et que nous avons puisé pour expliquer, dans ce petit livre, la signification des rêves et des songes selon la tradition des anciens.

Le Miroir des Songes
D'APRÈS LES TRADITIONS ORIENTALES

A

Abandon. — Songer qu'on abandonne sa maison, signifie gains et profit.

Abandonner son état : pertes par mauvaise foi.

Se voir abandonner de ses amis : malheur. Abandonner femme ou mari : joie et allégresse.

Abbé. — Voir un abbé en songe ou un prêtre signifie une maladie ; s'il a son surplis, cela veut dire que l'on ira à confesse.

Abeilles. — Pour le villageois : gains et profit; pour le citadin : inquiétude et trouble.

—. En voir sur soi : tourments.

—. En être piqué : grande perte.

—. En tuer : perte.

—. En prendre : gain, profit.

Abri. — En chercher un contre la pluie : peines secrètes.

—. Le trouver ; protection.

Abricot *ou autre fruit.* — Les voir ou les manger ; santé et plaisir. — En cueillir : mariage riche.

—. Hors de saison : insuccès.

Absinthe. — En boire : petit chagrin suivi d'une grande joie. On triomphera de ses ennemis.

Accouchement. — Voir *enfantement.*

Accusation. — Être accusé par une femme : mauvaise nouvelle.

—. Par un homme : succès et réussite.

Achat. — Songer que l'on achète quelque chose, signifie profit.

Adultère. — Songer que l'on en commet un : querelle à venir. — En être victime : bénéfices.

Affiches. — En poser : déshonneur.

—. En lire : travail sans fruit.

—. En arracher : grande douleur.

Agneaux. — En voir paissant ou dormant : ennui, tristesse.

—. En tuer un : tourment.

Être caressé d'un agneau : espérance flatteuse.

Agonie. — Se voir à l'agonie : perte de succession.

Aigle. — Le voir voler : réussite dans les projets que l'on forme. — Sur un toit, c'est l'ange de la mort.

Être enlevé par un aigle : danger imminent de mort.

Voir un aigle mort : ruine pour un riche, gain pour un pauvre.

Aiguille. — Rêver d'aiguille, signifie tracasserie prochaine. — Sans trou : naissance d'un garçon.

Alouette. — En voir une voler : Élévation rapide. — En entendre chanter : prospérité.

Allumettes. — Richesse, découverte de trésor.

Amazone. — Rencontre prochaine d'une femme ambitieuse et perfide.

Amende. — En payer une : profit.

Amis. — Rire avec les siens : dispute prochaine, rupture.

Anchois. — Rêver qu'on en mange : bonne fortune dont le souvenir sera très agréable.

Ange. — En voir un : bonne nouvelle.

Anguille. — Rêver qu'on en voit une : menace de trahison.

Araignée. — En voir une : argent.
—. En tuer : plaisir.
—. En manger : volupté.

Arbre. — Tomber d'un arbre : disgrâce, douleur.

Monter sur un arbre : puissance et dignités.

Abattre un arbre : maladie et perte.

Voir un arbre frappé de la foudre : douleur, désespoir.

—. En cueillir les fruits : héritage.

Arc. — Tirer de l'arc : consolation, honneur.

Arc-en-ciel. — Du côté de l'Orient : santé, richesse.

—. Du côté du couchant : mauvais présage pour les pauvres, heureux pour les riches.

—. Au-dessus de sa tête : changement de fortune.

Archevêque. — Rencontrer un archevêque, signifie avertissement de mort.

Argent. — Songer qu'on ramasse de l'argent : chagrin et perte.

—. En voir ramasser par un autre : grand profit.

—. Songer qu'on en a perdu : bonnes affaires.

Arlequin. — Voir un arlequin : mauvais tour prochain de la part de quelque ami.

Armée. — Voir une armée en bataille : heureux présage, victoire.

—. Voir des gens armés contre soi : haine et chagrin.

Arsenal. — Rêver qu'on est dans un arsenal : Guerre prochaine.

Artifice. — Voir un feu d'artifice : joie passagère.

Asperge. — En voir dans un jardin : succès dans ses entreprises.

Auberge. — Être dans une auberge : perdre un procès.

Audience. — D'un ministre : deuil.

—. D'un roi : emprisonnement.

Autel. — En voir un : mauvais présage.

—. En voir renverser : triomphe, élévation.

Aveugle. — Le devenir : danger de mort ou de trahison.

B

Bague. — En recevoir une : bonheur, puissance, sûreté. — Richesses par mariage.

—. En donner une : perte.

Bain. — Être dans un bain tempéré : prospérité ou signe de mariage.

Dans un bain trop froid ou trop chaud : ennui dans sa famille.

Baiser. — Recevoir un baiser : visite agréable. — Donner un baiser à quelqu'un : bonne fortune. — Donner un baiser à une personne morte : longue vie.

Bal. — Songer qu'on est au bal : héritage.

Balayer son logis : réussite dans ses affaires.

Balayer une cave : mauvaises affaires.

Ballon. — Monter en ballon : élévation de peu de durée.

Bannissement. — Y être condamné : changement de situation.

Barbe. — Songer qu'on vous la rase : préjudice et perte.

—. La faire soi-même : tribulation et tristesse.

Si une jeune fille rêve avoir de la barbe, elle se mariera prochainement.

Si une femme grosse fait ce songe, elle aura un fils.

Rêver qu'on a la barbe rousse : mauvais présage.

Rêver qu'on l'a noire : chagrin.

Bas. — Les ôter : changement de fortune.

Bateau. — Songer qu'on se promène sur un lac dont l'eau est limpide et pure : bonheur et réussite en affaires.

—. Si l'eau est trouble ou agitée, c'est le contraire.

Bâton. — S'appuyer sur un bâton : infirmité, maladie.

Donner des coups de bâton : démêlés en justice.

—. En recevoir : tristesse et chagrin.

Battre. — Rêver qu'on se bat : paix et union entre le mari et la femme.

—. Si l'homme n'est pas marié, cela lui présage qu'il sera bientôt aimé par une jeune et jolie femme.

Songer qu'on bat son amant ou sa maîtresse : danger d'être prochainement découvert.

Belette. — Songer qu'on voit une belette, signifie qu'on aimera une mauvaise femme.

Béquille. — Marcher avec une béquille : perte au jeu.

Berceau d'enfant : fécondité.

Berger. — Se voir sous un costume de berger : réussite et profit.

Bête. — Voir des bêtes sauvages ou des reptiles : ennemi caché.

—. Être poursuivi par elles : chagrin.

—. Se battre avec elles : malheur.

—. Les tuer : plaisir et santé.

Se voir changé en bête : bonheur prochain.

Biche. — En voir une : contentement, profit.

—. Avec ses petits : richesse en proportion de leur nombre.

Blé. — En épis : fortune subite.

—. En ramasser : profit et richesse.

Songer qu'on voit une grande plaine de blé présage qu'on épousera une femme riche ou qu'on gagnera un procès.

—. Voir beaucoup de gerbes entassées : abondance de biens.

Boue. — Songer qu'on est couvert de boue, signifie maladie.

Marcher dans la boue : misère et pauvreté.

Bougie. — Voir une bougie allumée : naissance prochaine.

Une bougie qui s'éteint : mort subite.

Bouillie. — En manger : heureux présage.

Boule. — Jouer aux boules : tranquillité.

Bouquet. — Recevoir un bouquet : joie et contentement éphémère.

Offrir un bouquet : devenir amoureux.

Bourse. — Vide : réussite dans les affaires

—. Pleine : avarice.

—. Trouvée : faillite.

Bleu. — Rêver de couleur bleue : bonheur.

—. De couleur noire : chagrin.

Bouteille. — Pleine : joie et chansons.

—. Vide : maladie.

Boutique. — Voir brûler sa boutique : perte de biens.

Bras. — Rêver qu'on les a velus : richesse.

—. Forts et nerveux : contentement.

— Faibles ou malades : tourment.

Si une femme rêve qu'elle a les bras sales, elle est en danger d'être séparée de son mari ou d'être veuve.

Songer qu'on a un bras coupé annonce une mort prochaine.

Brigands. — Rêver qu'on est attaqué par

des brigands, signifie perte de biens, d'amant ou de parent.

Broderies. — En avoir les habits couverts : honneur et profit.

Brouille. — Songer être brouillé (entre amant et maîtresse) : présage de mariage avantageux.

Brûlure. — En avoir sur le corps : mariage ou naissance d'un fils. — Les brûlures sont aussi un présage de querelles et d'ennuis.

C

Café. — Songer qu'on est au café avec des amis : joie. — Qu'on en boit : grande renommée.

Caille. — En voir voler : querelle.

Calice. — Toucher à un calice : maladie.

Campagne. — Songer qu'on habite à la campagne : voyage prochain.

Cantique. — Chanter des cantiques : infirmité.

Carte. — Rêver qu'on joue aux cartes, signifie qu'on est en danger de perdre sa fortune.

Cassette. — Rêver qu'on trouve une cassette annonce un trésor caché dans sa maison.

Cavalier. — Si on le voit descendre de cheval : prochaine réussite.

Cave. — Songer être dans une cave : maladie imminente.

Cercueil. — Présage de rupture éclatante entre amant et maîtresse.

Cerf ou Daim. — Songer en avoir tué un : héritage et victoire sur ses ennemis.

Cerise. — Voir des cerises : plaisir et santé.

—. En manger : bonne nouvelle.

Chameau. — Voir un chameau chargé traverser un désert : richesse prochaine.

Chandelle. — Songer qu'on allume une chandelle : joie.

—. Qu'on la tient allumée : jouissance en amour.

—. Si elle s'éteint : prison ou mort.

Champignon. — Songer qu'on en cueille signifie : longue vie.

Chanter. — Chanter ou entendre chanter une femme : tristesse et pleurs.

—. Un homme : espérance.

Chasse. — Songer aller à la chasse : menace d'accusation d'escroquerie.

Chat. — En voir un : trahison de proches parents.

—. En voir un couché ou endormi : demi-succès.

—. Le voir furieux ou se battant : attaque de voleurs ou dispute dans le ménage.

—. En tuer un : tuer un voleur.

Chat-Huant. — Voir ou entendre un chat-huant est un présage de deuil.

Chauve-Souris. — Voir voler des chauves-souris annonce tristesse et affliction.

Chemin. — Être dans un chemin étroit : tromperie par des gens de justice.

Être dans un beau chemin : prospérité.

Cheminée. — Voir une cheminée en feu indique une trahison prochaine.

Songer qu'on monte dans une cheminée présage d'heureuses affaires.

Voir une cheminée allumée : joie et prospérité.

Chemise. — Rêver qu'on ôte sa chemise : présage d'espoir trompé.

Voir une chemise déchirée : bonne fortune, réussite.

Chêne. — Songer voir un beau chêne vert et touffu : richesse et longue vie.

Cheval. — Généralement d'un présage heureux.

—. En prendre ou en monter un : mariage avantageux ou bonnes affaires.

—. Le voir monter un escalier : signe de bonheur.

Si la queue du cheval est longue : assistance par ses amis.

— Si la queue est coupée : abandon de ses amis.

Si le cheval cloche: embarras et retard dans la réussite de ses affaires.

Songer que quelqu'un est monté sur votre cheval, contre votre volonté, est un signe que votre femme vous trahira et que vous la surprendrez sur le fait.

—. Si le songeur voit entrer une jeune jument bien harnachée dans sa maison: il se mariera bientôt avec une jeune femme belle et riche.

—. Si la jument est sans selle: au lieu de se marier, le songeur vivra avec une belle maîtresse.

Si le cheval est noir: épouse riche et méchante.

Si le cheval est blanc: épouse belle et vertueuse.

Si le cheval appartient à un autre: plaisir partagé avec la femme d'autrui.

Chevaux attelés: entreprise en train de réussir.

Cheveux. — Noirs et crépus: tristesse et malheur.

—. Mêlés: querelle, ennui.

—. Tombants: perte d'avenir.

—. Ne pouvant être démêlés: procès et travaux pénibles.

Cheveux. — Longs comme ceux d'une femme : tromperie de la part d'une personne du sexe.

—. Les voir plus longs et plus noirs que d'habitude : malheur et pauvreté.

—. Les voir blanchir : perte d'argent.

Voir un homme sans cheveux : prospérité.

Voir une femme sans cheveux : pauvreté et maladie.

Arracher ses cheveux : perte d'argent ou d'amis.

Voir tomber ses cheveux : perte d'argent et de biens.

Rêver qu'on a les cheveux châtains : bonheur en amour.

Qu'on a les cheveux noirs : bonheur dans le mariage.

Qu'on a les cheveux rouges : signe de fortune.

Rêver qu'on se coupe les cheveux : tristesse, infortune de toutes espèces.

Chèvre. — Si elle est blanche : abondance et richesse.

—. Noire : infortune.

—. En posséder plusieurs blanches : heureuse chance et prospérité.

Chien : fidélité.

Voir dormir un chien : tranquillité.

Chien. — Le voir courir et l'entendre aboyer : mettez-vous sur vos gardes.

Jouer avec un chien : perte, dommage.

Voir des chiens se battre : défiez-vous de vos amis.

Être mordu par un chien : défiez-vous encore davantage.

Si le chien grogne : embûche à craindre.

Si le chien déchire vos habits : ennemi qui cherche à ruiner celui dont les habits sont déchirés.

Se battre avec un chien : chance prochaine.

Rêver de chien enragé : dommage causé par des ennemis, crainte fondée.

Chiffre : au-dessous de 90 : incertitude. — Au-dessus : succès et réussite.

Chiffrer et Calculer : nouvelle prochaine.

—. Sans trouver son compte : accusation, médisance, tromperie.

Chocolat. — Si l'on songe boire du chocolat : satisfaction et santé.

Chou. — Songer en manger : ennui et tristesse à venir.

Chouette, Chauve-Souris, Chat-Huant : très mauvais augure ; ceux qui en rêvent ne doivent rien entreprendre le lendemain.

Chute : pertes et ruine.

Cidre. — En boire : dispute, animosité.

Ciel. — Le voir pur et sans nuage : mariage prochain.

—. Y monter : grand honneur.

—. En descendre : chute profonde.

—. Le voir en feu : vous serez attaqué par vos ennemis.

Cigales. — Les entendre chanter : présage malheureux pour les malades.

Cigognes. — Les voir voler deux à deux : mariage et postérité nombreuse.

Cimetière. — Songer être dans un cimetière : mort de parents et héritage.

Citerne. — Y tomber : vous serez victime d'abominables calomnies.

Clés. — Les perdre : dispute prochaine et forte colère.

Clocher. — Voir un clocher très élevé : fortune, puissance.

—. Renversé : perte d'emploi, malheur.

Cloches. — Les entendre sonner : querelle, dispute, sédition.

Cœur. — Présage d'amour.

Songer qu'on a perdu son cœur : présage de mort prochaine.

Songer qu'on a le cœur plus gai que d'habitude signifie qu'on triomphera de ses ennemis et qu'on réussira dans ses entreprises.

Voir un cœur : être aimé.

Voir un cœur saignant : indique qu'on sera calomnié.

Cœur coupé : séparation prochaine entre deux amants.

Songer que le cœur vous fait mal : maladie prochaine et dangereuse.

Coffre. — Rêver de coffres pleins : abondance.

De coffres vides : misère.

Coiffure. — Songer qu'on en porte une élégante : danger de maladie.

—. En porter une au-dessus de sa fortune : honneur et profit dans la maison.

Colique. — Rêver qu'on a la colique : mariage prochain.

Colombe. — Songer qu'on voit des colombes : amour pur et succès en affaires.

—. En voir tomber une d'un toit : nouvelle de mort prochaine.

Colonne. — Voir tomber une colonne : signe de mort.

Côte. — Rêver qu'on se rompt les côtes : querelle entre époux.

Cou. — Rêver qu'on a le cou de travers : infortune et honte.

Couché. — Songer qu'on est couché avec quelqu'un d'un autre sexe : empêchement à ses désirs.

—. Avec quelqu'un du même sexe : ennui et contrariété.

Couché avec sa mère : réussite dans ses affaires, gain dans un procès.

—. Avec sa sœur : voyage prochain.

—. Avec son mari, s'il est absent : mort prochaine.

—. Avec un nègre ou un homme laid : maladie, ennui.

—. Avec un bel homme : prospérité.

—. Avec une femme qui vous déplait : mort de l'épouse.

—. Avec une femme voluptueuse et belle : trahison.

—. Avec une femme de mauvaise vie : sûreté dans ses affaires.

—. Avec sa femme : amitié et profit.

Coucou. — Voir ou entendre chanter le coucou : plaisir et santé.

Couper du pain : plaisir, gaîté.

—. du lard : mort prochaine de quelqu'un qu'on aime.

Courir. — Vite : bonne fortune.

—. Après son ennemi : profit.

—. Nu : trahison par des parents.

Voir des gens courir les uns après les autres : chicane, désordre, querelle.

—. Si ce sont des enfants : joie.

—. S'ils sont armés de bâtons ou de fusils : discorde, guerre prochaine.

Couronne. — Rêver qu'on porte une couronne d'or sur la tête : protection d'un grand.

Si la couronne est d'argent : bonne santé.

Si la couronne est de fleurs : plaisir, innocence.

Couteau. — En recevoir un coup : injure ou violence.

—. En croix : bataille, meurtre.

Crapauds. — En voir : querelle et rupture en famille.

Créancier. — Rêver qu'on en reçoit la visite : sûreté dans les affaires.

Criminel. — En voir conduire au supplice : mort prochaine de plusieurs personnes de connaissance.

Croix. — Voir porter une croix : ennui, tristesse.

Cuisine. — La faire indique l'arrivée d'une amie, ou la séparation entre époux.

Cuisine. — La voir faire : menace de médisance.

Voir une cuisine en feu : mort du cuisinier ou de la cuisinière.

Cuisse. — Rêver qu'on les a brisées ou meurtries : mort solitaire en pays étranger.

—. Si c'est une jeune fille qui fait ce songe : elle épousera un étranger et ira vivre loin de ses parents.

—. Si c'est une femme : menace de veuvage ou perte d'enfants.

Combat. — Songer de combat : Persécution imminente.

Comédie. — En voir jouer une : issue heureuse de l'affaire dont on s'occupe.

Jouer la comédie : mauvaise nouvelle.

Comète. — Voir plusieurs comètes : querelle, discorde, guerre, peste ou famine.

Commerce. — Rêver qu'on s'occupe de commerce : changement de position.

Communier. — Songer qu'on communie : sûreté d'affaires.

Comptoir. — Rêver qu'on est devant un comptoir : suspension de paiement momentané.

Concert. — Entendre ou être dans un concert : recouvrement de santé au malade.

Confiture. — En manger : profit.

Convulsion. — Présage la banqueroute frauduleuse d'un débiteur.

Coq. — Songer en voir un : fortune prochaine.

—. En entendre chanter : bonne nouvelle.

Cor. — En jouer : perte de procès.

Corbeau. — Malheur et disgrâce.

—. Pour la femme : présage que son mari la quittera pour des maîtresses.

—. Pour le mari : présage que sa femme le trompera.

Voir un corbeau voler sur soi : grand péril.

—. En entendre un : grande tristesse.

Corbeille. — Rêver de corbeille : présage de mariage ou d'accroissement de famille.

Cordage. — Nouvelles prochaines de ses débiteurs.

Corde. — Embarras.

Corneille. — En voir une : prompte solution de ses affaires.

—. En entendre une : mort dans sa famille.

Corne. — En porter : domination.

—. En voir sur la tête d'un autre : indique qu'il faut bien surveiller sa femme.

Curé. — Rêver qu'on rencontre un curé : mauvais présage pour les malades ou les criminels.

Cuve. — En voir pleines de vin : prospérité.

Cygne. — Voir des cygnes blancs : richesse et puissance.

Des cygnes noirs : querelle en ménage.

—. S'ils chantent : annonce de mort.

Cyprès. — En voir un dans son rêve, signifie : tristesse et deuil.

D

Daim. — Songer avoir tué un daim : victoire sur ses ennemis.

Dais. — Richesse obtenue par protection.

Dames. — En voir passer en compagnie : annonce qu'on sera victime de médisance.

Damnés. — En voir dans les flammes de l'enfer : tristesse et maladie.

Danser. — Songer qu'on danse : succès facile dans ses entreprises.

Dartre. — Si on en est couvert, on sera aussi couvert de richesses.

Déluge. — Être au milieu d'un déluge : persécution. Perte de récoltes.

Déménagement. — Songer qu'on déménage : mauvaise nouvelle.

Dentiste. — Rêver qu'on est chez le dentiste : menace de mensonge et de tromperie.

Dent. — Celles de devant représentent les proches parents et les enfants.

—. Celles de dessus : les mâles.

—. Celles de dessous : les femelles.

La dent de l'œil droit représente le père ;

—. Celle de l'œil gauche : la mère.

Les grosses dents : les amis ou les parents éloignés.

Sentir qu'on vous arrache une dent : affront et chagrin.

—. Songer qu'on en a perdu une : perte d'un parent.

—. En avoir une plus longue que les autres : ennui qui viendra de la part d'un parent.

Deuil. — Voir une personne en deuil ou le porter : ennui éphémère ou invitation à un bal ou à un festin.

Diable. — En voir un : mauvais présage.

—. Pour les malades : mort prochaine.

Être emporté par le diable : grand malheur.

—. En être possédé : vie longue et heureuse.

—. Le combattre : profit.

—. En être poursuivi : persécution ou poursuite judiciaire.

—. Le frapper et le mettre en fuite : triomphe sur ses ennemis.

Diamant. — En ramasser : perte de fortune.

—. En manger : grand profit.

Dieu. — Le voir, qui vous tend les bras : succès assuré en affaires.

—. Lui parler : félicité.

Doigt. — Se les voir couper : perte d'amis.

Avoir six ou sept doigts : héritage ou mariage.

Dragée. — Manger ou donner des dragées : perte de fortune.

Dragon. — Voir ou combattre un dragon : richesse ou changement de situation.

Drapeau. — Le voir flotter : danger menaçant.

—. Le porter : honneur.

Duel. — Songer qu'on se bat en duel : dispute en ménage ou discorde avec ses amis.

E

Eau. — La boire chaude : danger de la part d'ennemis furieux, d'autant plus que l'eau sera plus chaude.

—. La boire froide : tranquillité d'âme, amis dévoués.

—. En général : abondance et multiplication.

—. Bénite : pureté, santé.

—. Chaude : maladie.

—. Croupie : danger de mort par maladie.
Sauter dans l'eau : persécutions.

—. En avoir au-dessous de la tête : profit.
Marcher sur l'eau : triomphe, succès.

—. Sortant d'un lieu où il ne peut s'en trouver : soucis, tourments, afflictions.

—. En recueillir une partie : la durée de la peine sera proportionnée à la quantité d'eau recueillie.

Eau. — La voir tarir et disparaître indique une amélioration de situation.

—. La passer : travail, sûreté.

—. En porter dans une cruche cassée, dans un linge ou dans toute autre chose qui ne peut la retenir : perte et dommage par abus de confiance ou vol domestique.

Lorsque l'eau ne se perd pas, cela présage grande peine à garder son bien.

Perte absolue, si l'eau s'épanche.

Cacher cette même eau et ce qui la contient dans la terre : ruine inévitable, échafaud, mort honteuse pour celui qui la cache.

—. En répandre dans sa maison : peine et soucis, en proportion de la quantité.

Voir *Verre d'eau*.

—. De rivière, ruisseau, étang, puits, lac, etc. Voyez ces mots.

—. Tomber dedans : déshonneur.

Eau-de-vie. — En boire : prenez garde de tomber dans les plaisirs crapuleux.

Écarlate. — Habits de cette couleur : dignités, puissance, grande autorité.

Échafaud. — Honneurs, emplois, dignités.

Échafaudage. — Opérations ruineuses.

Échecs. — Y jouer (ou aux dames) avec quelqu'un de connaissance : querelle prochaine avec cette personne. L'issue de la querelle sera la même que le succès du jeu.

Échelle. — Y monter ; gloire peu solide.

—. En descendre : tourments et peines.

Écho. — Entendre un écho : présage de surdité.

Éclairs. — En voir : discorde, guerre.

Éclats de rire : contrariété plus ou moins forte dans les quarante-huit heures.

Éclipse de soleil : perte considérable et prochaine.

—. de lune : petit dommage.

Écrevisse. — En voir : présage de douleur, de désunion.

Écriteau. — Absence de tout danger.

Écritoire. — Perfidies, noirceur.

Écuries. — Hospitalité, accueil favorable.

Église. — En bâtir une : tomber victime de l'amour divin.

—. Y entrer : bienfaisance, conduite honorable.

—. Y prier Dieu : consolation et joie.

—. Y causer ou avoir des distractions : envie, péché.

—. Y être assis ou couché : changement de situation.

Église. — Tendue de noir : héritage mais avec procès.

Égratignures faites par un chat : maladie et affliction pour celui qui les reçoit.

Éléphant. — Lui donner à boire et à manger : services à quelque homme puissant qui les reconnaîtra.

Embarras. — S'y trouver : plus il est difficile de s'en tirer, plus l'affaire que l'on projette réussira facilement.

Embonpoint. — En prendre : richesses inattendues.

—. D'une manière démesurée : goût nouveau pour les plaisirs et l'ostentation.

—. Le perdre et devenir très maigre : si l'homme est riche, il deviendra pauvre ou feindra de l'être.

—. S'il est pauvre, il tombera dans une misère extrême.

Embrasser des parents ou amis : trahison.

—. Un inconnu : voyage prochain.

Embuscade, en dresser une : précautions à prendre.

—. Y tomber : sûreté de l'entreprise.

Empereur. — En voir un, causer avec lui : projet d'évasion, fuite, inquiétudes.

Encens. — Rêver d'encens : être entouré de flatteurs et de parasites; menace de trahison.

Enchantement. — En être l'objet : perte dans le commerce.

Enclume. — Entendre le bruit de l'enclume : travail, sûreté.

Encre. — Accommodement.

—. Répandue : brouille prolongée.

Enfant, avec sa nourrice : maladie longue, dangereuse, à moins que la personne qui fait ce songe, ou que l'on y voit, ne soit une femme enceinte, et, dans ce cas, son enfant serait une fille qui vivrait peu, ou bientôt elle perdrait son mari.

—. En voir plusieurs courir dans la maison (sans que le songeur en ait lui-même) : embarras dans les affaires, difficulté pour avoir des enfants et les élever.

—. Causer avec eux : vous aurez à supporter un préjudice prochain.

—. De cire : on vous témoigne une fausse amitié.

Enfantement. — Y assister : joie et prospérité.

—. S'il est de plusieurs enfants : le succès sera encore plus grand.

—. S'il est malheureux : projets manqués.

Enfanter un fils (si la femme qui fait ce songe n'est pas enceinte) : succès complet dans toutes les entreprises.

—. Une fille : joie, danses, festins suivis de craintes et douleurs.

—. (Si l'homme fait ce songe) : gain, richesses et profit à attendre sous peu.

Enfer. — Tel qu'on le dépeint, avec les souffrances des damnés : nécessité d'un changement de conduite, du repentir, d'un retour sincère au bien.

—. En échapper : malheur, si le songeur est riche ou puissant.

—. S'il est pauvre et infirme : consolation, soulagement.

Enfiler des perles : misère, tristesse.

Enflures à une partie quelconque du corps : richesse en biens de terre et argent.

Engelures. — Désirs indiscrets.

Engourdissement. — Travail, fatigue.

Enlèvement. — Présage d'une prochaine demande en mariage.

Ennemis. — Causer avec eux : méfiance salutaire.

—. Jouer avec eux : désavantage.

—. Être pris par eux : embarras.

Ennemis. — Prendre quelqu'un en haine : peine et revers de fortune.

Enterré. — L'être tout vivant : danger d'infortune pour le reste de la vie.

Enterrement. — Voir *Obsèques*.

Épaules. — Les sentir plus grosses et plus charnues que de coutume : force et prospérité.

—. Enflées : richesse pour la maîtresse du songeur.

—. Meurtries, enflées par un clou ou une tumeur : ennui et déplaisir du côté de la famille.

Épaulettes. — Rêver d'épaulettes : dignités, surtout pour les militaires.

Épée. — En recevoir un coup de quelqu'un que l'on connaît : petit service prochain que vous rendra cette personne.

—. Si le sang sort de la blessure, le service sera important.

—. Si l'on est en danger de la vie, services et bienfaits sans nombre.

La femme qui songe qu'elle frappe de l'épée, ou qu'elle en est frappée, recevra des honneurs et des hommages.

—. Si elle est enceinte, elle aura un fils.

Tenir une épée nue à la main, en frapper un inconnu : victoire, sûreté, succès dans les entreprises.

Épervier. — En prendre un : profit.

Épines. — En voir : méchants voisins.

Se changer en épines : grand tourment.

—. En être piqué : péril dans la fortune ou les emplois du songeur, surtout si c'est en tombant d'un arbre.

Épingles. — Rêver d'épingles : petite contrariété.

Éponge : Vous serez victime de mauvaise foi.

Équerre : injustice prochaine.

Escalader une maison, un lieu escarpé : victoire, succès.

Escalier, voir un escalier : profit, joie.

— Le monter : ruine, détresse.

— Le descendre : trésor que vous trouverez.

Espion. — En voir un : soyez sur vos gardes !

Esprits. — Voir des esprits : consolation et joie.

Essuie-main : accusé, on reconnaîtra votre innocence.

Estomac. — Y avoir mal : perte de fortune.

Étang. — En voir un petit : légère contrariété.

Éternuement : présage de longue vie.

Étoiles. — Vives et brillantes : prospérité,

profit en voyage, bonne nouvelle, réussite complète.

—. Sombres et pâles : malheur prochain.

—. Brillantes sur la maison : incendie.

—. Tombant du ciel : chute d'une grande maison de commerce.

—. Tombant à travers le toit : maladie, abandon de la maison, incendie.

Étourneau. — En voir un : petit déplaisir.

Étrennes. — En recevoir : misère, chagrin, ennui.

—. En donner : désir du bien d'autrui.

Étriers : voyage prochain.

Étui : découverte d'objets volés.

Études. — Faire des études : joie de longue durée.

Évanouissement : douce volupté.

Éventail : rivalité, petite perfidie de la part d'amis ou d'amies.

Évêque : rencontre prochaine d'un grand personnage.

Exil. — Y voir aller quelqu'un : outrages, larmes.

—. Y aller soi-même : grand succès en dépit d'ennemis envieux.

F

Facteur : nouvelles d'un absent.

Fagots : mensonges, fausses nouvelles.

Faim. — En souffrir : indication prochaine de moyens d'acquérir des richesses proportionnées à vos besoins.

Faisan : bonheur intarissable.

— Le porter sur son doigt : santé, profit, gloire.

Fantôme ou **Spectre**. — En voir un vêtu de blanc : consolation et joie.

—. Noir et affreux : tentation, tromperie.

—. En voir plusieurs : état de détresse.

Fard. — Songer qu'on se met du fard : trahison, fausseté.

Farine : mort dans le voisinage.

—. En brûler : ruine subite.

Faucon. — En avoir un au poing : honneur.

Fauteuil. — S'asseoir sur un fauteuil : place éminente.

Femme. — En voir une : infirmité.

—. Plusieurs : mortification.

—. En entendre une sans la voir : changement de lieu, voyage.

Femme brune : maladie dangereuse.

—.. Si elle a les cheveux longs et très beaux : honneur et profit, liaison avantageuse pour tous deux.

—. Blanche : délivrance, fin d'ennuis.

—. Noire : malaise pendant quelques jours.

—. Enceinte : nouvelle agréable.

—. En voir une belle de figure : satisfaction, joie et santé ; lorsque c'est un homme qui fait ce songe : jalousie, querelle, caquets.

Entendre sa femme se quereller : grand tourment.

Femme de Chambre, ou de service : mauvais rapports.

Fenêtre ouverte : accès facile dans la maison, réussite.

—. Fermée : rebuffades.

Fenêtres. — Voir celles de devant brûler : mort des frères de la personne qui fait ce songe.

—. Celles de derrière : mort des sœurs.

Descendre par la fenêtre : banqueroute.

—. S'y jeter : procès.

Fer. — En être frappé: grand désastre.

—. Rouge: effusion de sang.

—. A cheval: voyage.

Ferrer. — Ou voir ferrer un cheval: peines, entraves.

Ferme ou **fermier**: aisance, rondeur.

Fesses. — Voir les siennes: infamie.

—. Voir celles d'une femme: ennuis.

— En voir de noires et velues: honte et ruine.

Festins: joie de courte durée, ruine de la santé.

Feu. — En voir: colère, danger.

—. En avoir un modéré dans son foyer, sans fumée: parfaite santé de corps et d'esprit, abondance, festin, réjouissance avec des amis.

—. Le songe contraire annonce des colères, des disputes, la dissipation des biens, et dans certains cas des mauvaises nouvelles.

Feu éteint: indigence, pauvreté, défaut d'argent.

Feu allumé sans peine: génération d'enfants heureux, qui feront honneur à leur mère.

—. Flambeau ou chandelle. Si c'est une femme qui les allume: signe de grossesse et d'heureuse délivrance, l'enfant lui-même sera heureux.

—. Feu allumé avec peine et qui s'éteint: honte et dommage aux époux.

Feu. — Où l'on brûle soi-même: succès en dépit des envieux.

—. Y brûler: présage d'une fièvre violente.

—. Y voir brûler quelqu'un: le présage menace celui ou celle qu'on a vu en songe.

—. Le souffler: servitude si l'on est riche, profit si l'on est pauvre.

Feu d'artifice: triomphe d'un moment.

Feuilles. — Leur chute: maladie dangereuse.

Fèves. — En manger: querelles, dissensions, maladies.

Fiel épanché dans le corps: colère contre les domestiques, querelle de ménage, perte au jeu, attaqué par des voleurs.

Fièvre: désirs ambitieux, extravagants.

Figues. — En voir dans la saison: plaisir et bonheur.

—. Hors de saison: chagrins et infortune.

—. En manger: dissipation de biens.

—. Sèches: dépérissement de fortune.

Figures. — Voir un homme ou une femme de belle figure: honneur, longue vie.

Fil: mystère, intrigue secrète.

—. En dévider: découverte d'un secret.

—. L'embrouiller: nécessité de dérober un secret à tous les yeux.

Fil d'or: réussite à force d'intrigues.

—. D'argent: intrigue déjouée.

Filer: petits chagrins.

Filets pour pêcher: pluie ou plutôt changement de temps.

Fille publique: honneur, profit, bonne compagnie.

Fils (parler à son fils): dommage.

Flèches. — En voir: dégoût prochain.

Fleurs, en cueillir: bénéfice considérable.

—. Les voir ou les sentir (dans leur saison): consolation, plaisir et joie.

—. Hors leur saison: obstacles et mauvais succès.

—. Si elles sont blanches: faibles difficultés.

—. Si elles sont jaunes: peine extrême et le plus souvent la mort.

Fleurs des champs, les sentir: chagrins, peines, faiblesse de corps et d'esprit, à moins que le songeur ne s'occupe habituellement de botanique.

Fleur de lys: grandeur, puissance.

Fleuve. — Y nager: péril et danger à venir.

Foire: tourment, inquiétude, besoin.

Folie. — Être fou, faire des extravagances en public: longue vie, faveur, amour, plaisirs.

Folie. — Si c'est une fille ou une femme qui fait ce rêve : prompt et heureux mariage.

—. Si c'est une femme mariée, naissance d'un fils qui sera un jour un grand personnage.

Foin ou fourrages de bonne odeur : accident grave.

—. Sentant mauvais ou ne sentant rien : vol, soustraction d'effets.

Fontaine ou ruisseau d'eau claire : abondance, santé pour le malade.

—. Le contraire si l'eau est trouble et bourbeuse.

Voir jaillir une fontaine chez soi : honneur et profit.

Fortune sur sa roue : danger prochain.

Fossé. — Le sauter ou le passer sur une planche : tromperie par gens de justice.

Foudre. — La voir tomber près de soi sans que d'autres coups la précèdent ou la suivent : exil ou fuite du songeur, surtout s'il occupe un rang ou un emploi considérable.

—. Si elle tombe sur sa tête ou sur sa maison : perte de vie ou de biens.

Foule : importunité.

Four : aisance, richesse.

—. Allumé : abondance.

—. Extrêmement ardent : changement de lieu.

Fourche : tourment, persécution.

Fourchette : vous êtes entouré de parasites.

Fourmis : vous aurez des tentations.

Foie d'un taureau, d'un bouc, d'un bélier ou de tout autre animal cornu.

Trouver un foie : succession prochaine, emplois et dignités.

Fraises : profit inattendu.

Frapper avec une épée ou un bâton frères et sœurs : profit et joie.

—. Les voir morts : longue vie.

Fromage. — Rêver qu'on en mange : gain et profit.

Froment sur pied dans un champ : argent et profit en se donnant de la peine.

Front. — Rêver qu'on a un trou au front : danger de perdre sa fortune.

—. D'airain, de bronze, de marbre ou de fer, l'avoir tel : haine irréconciliable.

Fruits. — Les cueillir pourris, ou les voir pourrir dans sa main : adversité, perte des enfants de celui qui les tient.

—. Les manger : tromperie de femme.

—. En manger ou en voir de bons : plaisir et faiblesse d'esprit.

Fumée : fausse gloire.

Fumier : honte et conduite crapuleuse.

Furies ou harpies ou monstres, moitié femmes, moitié serpents : tribulations suscitées par l'envie, par une haine mortelle.

Fusées : triomphe d'un moment.

Fusil. — Tirer un coup de : profit trompeur, ennui, colère.

G

Gale. — Songer qu'on l'a : richesse.
Galérien : présage de l'audace, du courage, de la force.
Gants aux mains : honneur.
Garde. — La voir faire patrouille : perte de peu de conséquence.
—. L'appeler : confiance.
—. La voir emmener quelqu'un : vous commettrez une maladresse.
—. La monter : fatigue, ennui.
Garde-malade : santé, sûreté.
Garde-manger : mort ou au moins maladie de la dame du logis.
—. Le voir en feu : dommage, maladie ou mort.
Garder les bestiaux : servitude si l'on est riche ; profit, si l'on est pauvre.
Garde-robe : profit, avantage.

Gaze : mystère, modestie.

Géant, géante et généralement tout être vivant monstrueux : grand succès, triomphe assuré.

Genou. — Y être blessé : inquiétude et entraves dans l'exercice de la profession que l'on exerce.

—. Enflés : douleur, maladie, peine, dommage, mauvais succès ou seulement retard dans les entreprises.

Se mettre à genoux : dévotion, humilité, peine et embarras dans les affaires.

Se traîner sur les genoux, faute de pieds : perte de biens, détresse pour soi-même ou dans la personne d'amis.

—. Coupés ou desséchés de manière à ne pouvoir marcher : pauvreté.

—. Guéris et remis en état de marcher : infortune et calamités changés en fortune et contentement.

Girouette : faveur d'un grand.

Glaces : apprentissage, étude pénible.

Gladiateur : angoisses.

Gland : disette, pauvreté.

Gorge. — La couper à quelqu'un : tort qu'on lui causera sans le vouloir.

Gorge. — L'avoir coupée sans en mourir : espérance et succès.

Goutte. — Rêver qu'on est atteint de cette maladie : si l'on est jeune : danger personnel.

—. Si l'on est vieux : langueur et misère.

Grands. — En être abandonné : joie, consolation, réussite.

—. En recevoir la visite : honneur.

Grand-père ou **grand'mère** : besoin des derniers sacrements.

Grange pleine de blé : mariage avantageux, gain de procès, héritage, trafic lucratif, festins, réjouissances.

—. Vide : honte, misère.

Grêle : trouble et tristesse, et quelquefois découverte des choses les plus secrètes, à l'avantage ou au préjudice du songeur.

Grenade. — La cueillir mûre : fortune venant d'un homme puissant.

—. Avant sa maturité : maladies, chagrins causés par la médisance.

Grenier : danger de tentation.

Grenouille. — Les entendre : se méfier des flatteurs, des parleurs ignorants et indiscrets.

Grille. — En voir une devant soi : liberté prochaine.

Grossesse. — L'homme qui rêve la grossesse de sa femme (effectivement enceinte) aura un fils qui lui ressemblera.

Groseilles rouges : constance.
—, blanches : satisfaction.
—, noires : détresse.
—, hors de saison : infidélité.
Guitare : plaisirs peu dispendieux.

H

Habits. — En voir : détresse.

—. En voir brûler : perte de procès, ennui, médisance, injures, brouille entre amis.

Hache : danger de mort.

Halles et marchés : détresse, peine, manque de provisions.

Hallebarde ou pique : guerre prochaine.

—. En porter une : sûreté.

—. La briser : fatigue vaine.

Hameçon : supercherie, abus de confiance.

Hanches. — Les avoir plus grandes et plus fortes que de coutume : joie, santé, postérité nombreuse.

—. Les avoir coupées par le milieu : confiance mal placée dans l'époux ou dans l'épouse et dans la famille.

Haricots : critique et médisance de la part d'un subalterne.

Harpe : guérison de folie.

Herbes crues, telles que salades, oseille, pourpier, etc. : douleur et embarras dans les affaires.

—. En manger : pauvreté, maladie.

Héritage : ruine, misère, chagrins.

Hirondelle : sagesse de l'épouse ou de la future.

—. Son nid : bonheur et bénédictions pour la maison.

—. La voir entrer dans la maison : nouvelle d'amis.

Homicide. — Sûreté.

Homme. — Beau de figure : satisfaction, joie et santé, quand c'est une femme qui fait ce songe.

—. Si c'est un homme vêtu de blanc : débats violents, embûches à craindre.

—. Vêtu de noir : perte considérable.

Hôpital. — Misère, privations.

Horoscope. — Se faire dire le sien : duperie, tourments mal fondés, peine, embarras.

Huche. — Abondance, richesse.

—. Vide : détresse.

Huile répandue : perte infaillible.

—. Sur soi : profit.

Huissier. — Embûches, accusation par de faux amis.

Huîtres. — En voir : amitié, joie.

—. En manger : profit, succès.

—. En offrir : contrariété, humiliation.

Hydre ou serpent à plusieurs têtes : séduction prochaine.

Hydropisie. — Rêver qu'on en est atteint : besoin, grossesse mystérieuse.

Hymnes. — En chanter : faiblesse, infirmité prochaine.

I

Idolâtrie. — Songer qu'on adore des idoles : mauvaises affaires.

Ile. — Songer qu'on est dans une île : ennui, solitude.

Illumination. — Misère prochaine.

Images. — Si elles sont bien faites : chagrins, injures.

—. Grossières : plaisir, transports de joie, amitié.

Impératrice. — Perte d'emploi, de dignité, de réputation.

Impuissance. — Fortune imprévue, gloire à venir.

Incendie. — Une ou plusieurs maisons brûlant d'un feu clair, sans violence : c'est, principalement pour les songeurs peu fortunés, signe d'argent, d'emplois et dignités.

Incendie. — Violent ou pétillant, avec destruction de la maison : annonce de grandes adversités telles que peines, procès, honte, malheur, ruine et mort imprévue.

Inconnu — En voir un : gloire, honneur, succès.

—. Si c'est une femme, et que l'inconnu ait les cheveux longs : ils feront connaissance et s'en trouveront bien l'un et l'autre.

Infirmité. — Voir une personne infirme : affliction.

—. L'être soi-même : absence de toutes sortes de maux.

Injures. — Marque d'amitié, faveur.

Inondation. — Ruine imprévue, accidents graves.

Inquisiteur, Inquisition. — Innocence persécutée, mais triomphante.

Instruments de musique. — En jouer ou en entendre jouer d'un : mort de parents, funérailles.

—. Si c'est dans un concert : consolation, guérison de maladie.

Instruments à vent. — En jouer ou les entendre : trouble, querelle, perte de procès.

Inventaire. — Banqueroute dans laquelle on se trouvera compromis.

Ivresse. — Être ivre : accroissement de fortune, retour de santé.

—, Sans avoir bu : mauvais signe, action qui déshonorera, repris de justice.

—, Accompagnée de maux de cœur et de souffrances internes : vol et déprédations domestiques.

J

Jambes. — Rêver qu'on emploie ses jambes : joie, bonheur, voyage sans encombre, réussite dans ses entreprises.

—. Enflées ou coupées : perte ou dommage, maladie ou mort.

—. En avoir trois ou quatre, danger de mal ou blessure aux jambes.

—. Si l'on est dans le commerce : réussite pleine et entière.

Jambes et pieds enflés : richesse, fortune assurée pour toute la vie.

—. Songer qu'on a une jambe de bois : changement de condition, de bien en mal ou de mal en pis.

—. Couvertes d'ulcères : souci, chagrin, travail sans profit.

Jambon. — Songer de jambon : salaire, récompense.

Jambon. — En manger : accroissement de famille ou de fortune.

Jardin. — Le cultiver : bien-être prochain.

—. S'y promener : joie.

Jarretières. — Infirmité.

Jaunisse. — Richesse, fortune imprévue.

Jésus-Christ. — Lui parler : consolation.

Jet d'eau. — Fausse joie.

Jeu de hasard. — Y jouer avec son ennemi : c'est être à la veille de donner prise sur soi.

—. Y gagner : perte d'amis.

—. Y perdre : soulagement.

Jeux innocents. — Joie, santé, plaisir, prospérité.

Jeûne. — Rêver qu'on jeûne : crainte mal fondée.

Jeunesse. — Se voir jeune : félicité, bon temps à passer.

Joues. — Grasses et vermeilles : prospérité prochaine et ininterrompue.

—. Maigres, creuses ou blêmes : adversité subite.

Journal. — Rêver qu'on lit un journal : mensonge, raillerie.

Juges. — En voir : malice et cruauté.

Juges. — Si le songeur a quelque reproche se faire : disculpation.

—. En exercer les fonctions : ennui.

Juif. — Rêver qu'on en rencontre un : bonheur inattendu, succès.

Jument (entrant dans la maison). — Si elle est belle, jeune, vigoureuse, bien harnachée : arrivée prochaine d'une épouse riche, jeune et belle.

—. Si elle est sans harnais et ressemble à une haridelle : concubine ou servante qui détruira le bonheur du ménage.

L

Laboratoire. — Être dans un laboratoire : danger de maladie.

Labourer la terre. — Si le songeur est un paysan, un agriculteur : profit, heureuse récolte.

—. S'il ne l'est pas : chagrin et tristesse.

Labyrinthe. — Y être : mystère dévoilé.

Lait. — En boire : bonne amitié de femme.

—. En répandre : perte dans le commerce.

Langue. — Rêver qu'on l'a plus courte que de coutume : honneurs.

—. Trop longue : regrets, soucis, désespoir.

Lampe. — Rêver d'une lampe annonce le prochain éloignement des affaires.

—. Allumée : passions et peines.

Lampion. — Un seul allumé : joie, bonheur.

—. Éteint : misère.

Lampion. — S'il y en a un grand nombre : misère personnelle.

Lapin. — En voir : maladie.

—. En tuer un : tromperie, perte.

—. En manger : santé.

—. Blanc : amitié, succès.

—. Noir : chagrins, trahison.

Laquais : ennemis secrets.

—. Derrière un carrosse : orgueil, ostentation.

Lard. — En manger : triomphe de ses ennemis.

—. En couper : nouvelle de mort.

Laurier. — En voir un : Victoire et plaisir.

—. Si la personne est mariée : héritage du côté de son conjoint.

Légumes. — Verts : affliction et travail.

—. Tels que raves, aulx, oignons, poireaux : découverte de secrets le plus souvent fâcheux; querelle avec les inférieurs.

Lentilles. — En manger : corruption.

Léopard. — Toutes les explications applicables au lion le sont aussi au léopard.

Lèpre ou toute autre maladie du même genre : profit et richesse avec infamie; honte conjugale où l'on trouvera son compte.

—. Si une femme fait ce rêve : amant titré ou libéral dont elle tirera de grands profits.

Lettres. — En écrire à ses amis, ou en recevoir d'eux : bonnes nouvelles.

Lèvres. — Les avoir vermeilles : santé des amis et connaissances dont on n'a point de nouvelles.

Lie de vin. — En boire : infirmité.

Liens. — S'y trouver pris : embarras, peine à sortir d'affaires.

Lierre : Symbole d'amitié et de fidélité.

Lieux d'aisance : profit.

Linceul : mort quelconque dans sa maison.

Linge. — En voir une quantité : fortune, aisance.

Lion. — Le voir : entrevue prochaine avec quelque grand personnage ; danger de folie.

—. Enchaîné : captivité ou surprise de l'ennemi du songeur.

—. En manger la chair : richesses, honneurs, puissance.

—. En monter un : faveur du prince ou de quelque grand.

—. Le craindre : péril ou menace de la part d'un être puissant, mais sans suite fâcheuse.

—. Se battre avec lui : querelle ou débat très périlleux.

—. En triompher : réussite complète.

Lion. — Trouver sa dépouille ou quelque partie de son corps : aisance pour un songeur vulgaire ;

Pour l'homme puissant : trésors considérables enlevés à l'ennemi.

Lionne et **lionceaux** : bonheur en famille.

Liqueurs. — Rêver qu'on en boit : faux plaisirs.

Lire. — Des romans, des comédies avec plaisir : consolation et joie.

—. Des livres sérieux ou de haute science : vertu, sagesse.

—. Des lettres : bonne fortune.

Lit. — S'y tenir seul : péril.

—. En voir un bien fait : sécurité.

—. En désordre : secret à découvrir.

Livres. — En composer : perte de temps et d'argent.

Loterie. — En voir les numéros : gain au jeu, petit risque pour un grand profit.

—. Les voir renversés : perte, ruine.

Loup. — Si une femme en rencontre un : commerce avec un homme avare, cruel, sans foi.

—. En être mordu : malheur et perte provenant de cet homme.

—. Le tuer : triomphe complet sur le même.

Loups. — Le nombre que l'on en voit indique

le nombre des années de souffrance que l'on passera encore.

Lumière. — Étant dans un navire, voir au loin une lumière brillante : voyage en mer exempt de tempête, et succès hors de toute espérance.

—. En voir un grand nombre : profit.

Lune. — Dans tout son éclat : amour et santé de l'épouse; succès d'argent.

—. Nouvelle : expédition d'affaires.

—. Dans son déclin : mort d'un prince ou d'un supérieur.

—. Brillante autour de la tête : pardon et délivrance par l'intercession d'une femme.

—. Ensanglantée : voyage, pèlerinage.

—. Obscure : mort ou maladie d'épouse, de mère, de sœur, de fille; perte d'argent, péril en voyage (surtout si c'est par eau), maladie du cerveau ou des yeux.

—. D'obscure devenant claire : profit si la femme fait ce rêve.

Si c'est un homme : bonheur et joie.

—. De claire devenant obscure : perte pour la femme; pour l'homme, tristesse et infortune.

—. Dans son plein : présage aux belles femmes, bonne renommée et estime publique.

—. Aux voleurs et meurtriers : leur juste punition.

Lune. — Aux malades ou marins : danger de mort ou de naufrage.

—. En forme de visage plein et d'une blancheur éblouissante : si c'est une fille ou une veuve qui la voit ainsi : prochain mariage.

—. Si c'est une femme : naissance d'une belle fille.

—. Un homme marié : naissance d'un fils.

—. En voir deux : accroissement d'honneurs.

Lunettes : disgrâce, mélancolie.

Lutrin : plaisanterie fine et délicate.

Lys. — Hors de leur saison : espérance trompeuse.

—. Dans la saison : c'est le contraire.

—. D'or : prospérité, succès.

M

Macaroni : gourmand, parasite.

Mâchoire. — Gencives, joues enflées : richesse pour quelque parent ou ami.

Maçon. — En voir un : ennui, fatigue, folles dépenses.

Magicien : événements imprévus, surprise.

Maigrir : chagrins, procès, perte de biens, danger de maladie.

Mains. — Se les laver : travail, inquiétude.

—. Se les regarder : infirmité.

—. Coupées, brûlées ou desséchées : perte du serviteur le plus fidèle.

—. Si l'on n'a point de domestique : présage d'infortune, d'incapacité de se livrer au travail.

—. Si c'est une femme qui perd ainsi la main, perte de l'époux, du fils aîné, des moyens d'existence.

—. Enflées : richesse et profit aux serviteurs.

Mains. — Plus fortes que de coutume : conclusion d'une affaire importante, honorable et lucrative, amours.

—. Fraîches et blanches, si l'on est riche : amitié, nombreuse compagnie.

—. Si l'on est pauvre : oisiveté, détresse.

—. Velue : ennui et captivité.

—. En avoir une multitude : bonheur, forces, abondantes richesses.

—. Toutefois un voleur de profession peut voir dans ce songe le présage de la découverte de ses crimes, et de leur punition sévère.

Maison. — En bâtir une : consolation.

—. La sentir trembler : danger et perte de biens, ou procès pour celui à qui elle appartient ou qui l'habite.

Malade. — L'être soi-même : tristesse, prison.

—. Les servir, les consoler : joie, profit, bonheur.

Maladie secrète, honteuse : fortune déshonorante.

Mamelles multipliées : autant d'adultères.

—. Pleines de lait : gain.

Manchettes : Honneurs, emplois.

—. De dentelle : dignité, emploi.

—. Déchirées : perte d'emploi.

Manchon : hiver dur.

Manger : duperie très prochaine.

—. Par terre : emportement.

—. Salé : maladie.

Manteau : dignités.

Maquereau : homme ou femme serviable mais sans aucun principe.

Maquignons : imposture, fourberies.

Marais : Malheur en dépit du travail.

Maraudeur : inquiétude, retard.

—. L'être soi-même : chagrin, souffrance.

Marbre : brouille, refroidissement.

Marche rapide : affaire pressante.

Marcher. — D'un pas ferme : instruction dont on profitera.

—. A reculons : perte, déplacement, chagrin.

Mariage. — En faire un : annonce de temps heureux.

Etre marié : périls inattendus.

—. A une personne laide : mort, ou au moins grand déplaisir.

—. A une belle personne : joie, bonheur, grands avantages.

—. Avec une vierge : honneur sans profit.

—. Avec sa sœur : grand péril.

Marteau : oppression.

Martyre. — L'endurer pour la foi : honneur et vénération publique.

Mascarade. — Masque : ruse, tromperie.

Matelots : danger en voyage.

Matin. — Se lever : profit, avantage.

Médecin. — (L'être) : joie prochaine.

Médecine. — La prendre : détresse.

—. La donner à quelqu'un : profit.

—. La rendre du haut : banqueroute.

—. Du bas : affaires en bon train.

Mémoire. — En composer un : accusation.

Mendiant ou estropié : chagrins de famille.

Menottes. — Rêver qu'on vous en met : délivrance.

Menuiserie, menuisier : ordre, arrangement.

Travailler soi-même en menuiserie : servitude.

Mer. — La voir claire et à peine ridée : joie et facile administration de ses propres affaires.

—. Agitée : petit profit suivi de ruine.

—. Dans un calme plat : retard et lenteur dans les affaires commerciales.

—. Violemment agitée : perte, chagrins, adversité.

Mercerie, mercier : intrigant, intrigue, femme bavarde.

Mère. — Voir sa mère : profit.

Mère. — Lui parler : heureuse nouvelle.

—. La voir morte : péril dans la personne ou dans les biens.

Merle : médisance, soupçons.

Messe. — Y aller : satisfaction intérieure.

—. La dire : peines perdues.

—. En musique : joie bruyante.

Métamorphose quelconque, changement de lieu, voyage.

Métier quelconque. — Exercer un : servitude.

Miel. — En manger : succès en affaires, sûreté en voyage.

Millet sur pied : grande fortune acquise sans difficulté.

—. En manger : pauvreté, détresse absolue.

Miroir. — Se voir dans un miroir : trahison.

Moissonneurs : prospérité dans son commerce.

Monnaie. — Travailler à la Monnaie : profit, heureux avenir.

—. En faire de fausse : honte et blâme.

—. En passer dans le commerce : adresse, péril.

—. D'argent : médiocrité.

—. De cuivre : fortune brillante.

Monstre. — Voir une autre personne accoucher d'un enfant qui a deux têtes, quatre pieds, quatre mains, une queue ou tout autre monstruosité; d'un chat, un serpent, d'un basilic, d'un rat ou autre animal de mauvais augure : présage de malheur et dangers imminents pour le songeur.

Mont-de-piété : fortune, emplois, honneurs.

Montagne. — La monter : peine ou voyage au bout d'un certain temps.

—. La descendre : succès peu important.

—. Tombant sur une plaine : ruine des gens de bien par un homme puissant.

Morgue. — Rêver qu'on y est : danger de mort violente pour soi-même ou un ami.

Morsure. — Craindre pour son pied celle d'un serpent ou de toute autre bête venimeuse : jalousie.

— La sentir : tristesse, ennui.

Mort. — En embrasser un : longue vie.

—. En voir un dans sa bière : maladie prochaine.

Voir un homme mort et qui en réalité se porte bien : ennui, chagrins, perte de procès.

Voir mourir encore une fois un homme déjà mort : perte prochaine d'un parent ou d'un ami, portant le même prénom que le défunt.

Voir ou parler à un de ses principaux parents ou amis, que l'on sait être mort : avertissement de mettre ordre à ses affaires.

Mort et enterré : mort subite, selon quelques auteurs ; selon d'autres, biens proportionnés à la quantité de terre dont le mort est couvert.

Morte. — Avoir affaire avec une : amour et faveurs d'une grande dame.

Mosaïque : mélange de mal et de bien.

Mouches. — En être piqué, et notamment des guêpes : persécutions suscitées par des envieux, chagrins, ennuis.

Moudre du blé : richesse.

—. Du poivre : chagrin, mélancolie.

Moulins : richesse et succès en proportion de leur vitesse.

Moustaches. — Longues : accroissement de fortune.

—. Coupées ou arrachées : perte au songeur, profit à celui à qui le songeur les coupe.

Moutarde. — La voir en graine : mauvais présage.

—. Sur table : caquets et dispute.

Muet. — Rêver qu'on en rencontre un : querelles de famille.

Mule. — En avoir une : accroissement d'affaires.

Mule. — Chargée : embarras d'affaires.

Mulet : maladie.

Mûres. — En manger : chagrin, souffrances et même blessures.

Mûrier. — En voir un ou plusieurs : fertilité, abondance de biens et d'enfants.

—. Sauvage : biens à la campagne.

Musique. — Entendre chanter ou jouer des instruments : trouble, querelle, perte de procès.

Myrthe : déclaration d'amour.

N

Nager : plaisir, aisance, volupté.

Nain, naine : attaque d'ennemis.

Naissance. — Rêver qu'on naît à la vie : bonne fortune.

Navets. — En voir ou en manger : espérances mal fondées ; guérison, en cas de maladie du songeur.

Navire. — En mer : heureux présage pour ce que l'on souhaite.

—. Richement chargé : retour du bon temps.

—. Ballotté par les flots : péril.

Néflier, pin ou cormier. — En voir un : danger dans la fortune du songeur, par négligence et lâcheté.

—. Chargé de ses fruits : honneurs, richesse.

Nègre. — En voir un : tristesse, chagrins, dommage.

Neige et glace. — En hiver, un tel songe

ne signifie rien, c'est la simple répétition des objets que l'on a eus sous les yeux en veillant.

Dans toute autre saison, il annonce au laboureur bonne et excellente récolte; au négociant et à l'homme d'affaires, empêchement, perte et mauvais succès; aux gens de guerre, défaite et renversement de leurs plans de campagne.

—. En ramasser : procès.

—. En manger : faux plaisirs.

Neuf. — Avoir quelque partie de son vêtement neuve, telle que chapeau, habits, bottes, etc. : joie, profit, succès.

Nez. — L'avoir bouché : danger de la part d'un plus puissant que soi; infidélité de l'époux ou de l'épouse avec quelqu'un de la famille, de connaissance ou en service dans la maison.

—. L'avoir plus gros qu'à l'ordinaire : accroissement de richesses, de puissance, amitié d'un grand.

—. N'en point avoir : est tout le contraire.

—. Le perdre : adultère.

—. En avoir un monstrueux : abondance, prospérité, aux dépens du peuple, dont on ne sera pas aimé.

—. En avoir deux : discorde et querelles.

Nid. — D'oiseaux ; en trouver un : profit.

—. Vide : déblaiement d'affaires.

Nid. — De serpents, de crocodiles ou d'autres animaux malfaisants : grande inquiétude.

Niveau : juges incorruptibles.

Noces : petite satisfaction.

Nœud : embarras.

—. Les défaire : débrouiller ses affaires ou celles des autres.

Noix, noisettes, châtaignes, et amandes quelconques. — En manger, ou simplement voir l'arbre qui porte l'un de ces fruits : troubles et difficultés suivis de richesses et satisfaction.

—. Cachées, les trouver : découverte d'un trésor.

Nombre. — Compter celui des personnes présentes : dignités, pouvoir, ambition satisfaite.

Nombril : mauvaises nouvelles de père et de mère, danger de leur mort.

—. Si l'on n'a ni père ni mère : perte de patrimoine, exil du pays natal.

Nourrice. — En voir ou en rencontrer une : peine, chagrin.

Noyé. — En voir un : joie, triomphe.

—. Se noyer soi-même : gain.

—. Se noyer par la méchanceté ou la faute d'autrui : perte, ruine.

Nuages. — En apercevoir : discorde.

Nudité. — Être nu : maladie, pauvreté, affront, fatigue.

Courir nu : parents perfides.

Être nu dans un bain avec la personne qu'on aime : joie, plaisir, santé.

Voir sa femme nue : tromperie dont on sera dupe.

Son mari nu : sûreté et bonheur dans les entreprises.

Une femme de mauvaise vie nue : dangers que l'on court par rapport à cette femme.

Son ami ou son serviteur nus : discorde, querelle.

Voir un homme nu : présage malheureux.

—. S'il est beau et bien fait : réussite en affaires.

Une femme nue : honneur et joie, en proportion de sa beauté.

—. Si elle est vieille, ridée, noire, contrefaite : repentir, honte, mauvaise fortune (moindre cependant si on ne la voit qu'en peinture).

Nues. — (En tomber) : grande surprise.

Nuit. — Marcher de nuit : ennui, tristesse.

Numéros. — En rêver sans se les rappeler : cadeau.

—. S'il y en a un : société.

—. Deux : caquets.

Numéros.— Trois : entretien pour affaires.
—. Quatre : dispute.
—. Cinq : peine perdue.
—. Davantage : illusion et déboires.

O

Obélisque : présage de grandeur et de richesses.

Obsèques. — D'un parent, d'un ami, d'un grand : richesses, successions, mariage avantageux.

—. D'un inconnu, d'un personnage peu important : médisance, sourdes menées.

Odeurs. — S'en mettre : orgueil, présomption, jactance.

—. Si c'est une femme qui fait ce songe, elle sera infidèle à son mari, et le mènera par le nez.

—. S'en laisser mettre par d'autres sur la tête et sur les cheveux : signe d'amitié et d'estime de la part de tous.

Une mauvaise odeur répandue sur soi est le signe contraire.

Œil. — En perdre un : mort d'ascendants.

Œufs. — En petit nombre : gain et profit ; cadeau à recevoir.

—. En grande quantité : perte et procès.

—. Blancs : petit avantage.

—. De couleur ou durs : grand chagrin.

—. Cassés : chagrin, caquets.

—. En être barbouillé : persécution.

Oies. — En voir : honneur et faveur prochains.

Oies ou poules faisant entendre leur cri : profit et sûreté dans les affaires.

Oiseaux. — En prendre : plaisir et profit.

—. En tuer : dommage.

—. Tirer dessus : attaque sourde de la part d'ennemis.

—. Assemblés : caquetage, procès.

—. Les voir se battre : on sera exposé à la tentation.

—. Voler sur soi : perte.

—. Les entendre parler : bon succès.

Se changer en oiseau : mutation de biens.

—. De nuit, tels que chouette, chat-huant, butor, chauve-souris : mauvais augure pour la réussite des entreprises que l'on fera le jour d'après.

—. De proie, tels que faucon, épervier, etc. :

accroissement de fortune pour les riches ; surcroît de misère pour les pauvres.

Oison. — Couper la tête d'un oison ou d'une oie : satisfaction, plaisirs, bonheur.

Olives. — En voir sur l'arbre : liberté, puissance, amitié, paix, concorde, succès dans les amours.

—. Par terre : travail et peine sans profit.

—. En cueillir : gain ou cadeau.

Olivier. — Tenir, flairer, ou simplement voir une branche d'olivier, de palmier ou de laurier : mariage prochain, si c'est une demoiselle qui fait ce songe.

—. Fécondité, si c'est une femme mariée.

—. Amitié, joie, prospérité, abondance, si c'est un homme.

Oncle. — Voir le sien ou sa tante : querelles de famille.

Ongles. — Plus longs que de coutume : grand profit.

—. Plus courts : pertes et déplaisir.

—. Se les voir couper (ou les doigts) : déshonneur, perte, querelles de famille.

—. Arrachés : déluge de misères, d'afflictions, danger de mort.

Onguents. — En faire : allégresse.

—. S'en servir : grand profit.

Opéra : désordre, confusion dans les affaires.

Or. — En faire : temps perdu.

—. En manier : emportement.

—. En trouver : profit.

—. En manger : chagrins amers.

Orangers. — En voir : présage de larmes, d'ennuis.

Orateur. — En entendre un : bienfaisance, affabilité.

Oreilles. — Les avoir bouchées : ténacité, entêtement, tyrannie domestique, si le songeur est d'un rang élevé.

—. Si c'est un simple particulier : changement d'avis, finesse, tromperie de la part de ceux à qui il se fie.

—. Si c'est une femme : débauche.

—. Se les nettoyer ou en avoir plus de deux : amis ou serviteurs fidèles.

—. Les avoir fendues ou blessées : trahison de la part d'un ami qui abusera de secrets confiés.

—. Les avoir plus grandes que de coutume : succès et fortune.

—. d'âne (en porter ou en voir) : servitude, abaissement.

—. Avoir celles d'un lion ou de toute autre

bête féroce : trahison de la part d'ennemis et d'envieux que l'on croit ses amis.

Oreiller : travail, persécution.

Organes de la génération. — Les avoir sains et en bonne santé, prospérité de parents, richesse et puissance personnelles, honneurs.

—. En état de dépérissement : présage absolument le contraire, honte, infamie.

—. Leur accroissement annonce à l'homme une grande renommée ; des fils qui lui feront honneur et deviendront des hommes puissants.

—. A la femme : des filles sages et de bonne renommée.

—. Leur accroissement outre mesure présage la naissance d'un fils pourvu de qualités admirables, vertueux, estimé de tous ; annonce également des honneurs et dignités acquises par le moyen de celui ou de celle avec qui l'on est marié.

—. Le contraire présage la perte des charges et dignités, la ruine et la détresse des enfants et descendants.

— Leur retranchement : mort d'un fils : danger de mort personnelle, pauvreté future.

—. Exposés à la vue de tous : enquête juridique, découverte de fourberies et méchancetés.

Orge. — Y toucher, la passer dans ses mains : joie et profit.

Manger du pain d'orge : satisfaction et santé.
Orgues. — En voir : mort de parents.
—. Les entendre : joie, héritage.
Ornements d'église : tranquillité d'esprit.
Orties ou chardons : trahison.
—. En être piqué : prospérité.
Os. — De mort : peines et traverses.
—. En ronger : ruine certaine.
Ours. — Le voir : ennemi riche, puissant, audacieux, cruel, mais maladroit.
—. En être attaqué : persécutions dont on se tirera bien, contre toute espérance.
Ouverture quelconque : lueur d'espérance.
Ouvrages. — Rudes ou grossiers, tels que porter du bois, faire la lessive : servitude si l'on est riche, profit si l'on est pauvre.
Ouvriers. — Les voir travailler : reproches et plaintes que l'on endurera.
—. Les employer : profit.
—. Les payer : présage de visite agréable.
—. Les renvoyer : danger pour le voisin.
Osier : danger de prison ou embarras quelconque.

P

Pacte. — Avec le diable : succès par des moyens illicites.

Paille. — Jonchée çà et là : misère, détresse.

—. En bottes : abondance.

—. En porter ou voir porter : joie, honneur et sûreté dans les affaires.

Pain. — En manger de blanc : profit pour le songeur s'il est riche ; perte et dommage s'il est pauvre.

—. Noir : signifie le contraire dans ces deux hypothèses.

—. Chaud : accusation.

Palais. — En voir : envie.

—. L'habiter : faveur des grands.

—. Le détruire : puissance usurpée.

Palissades : empêchement subit.

—. Les franchir : sûreté, fortune, triomphe.

Palmes : gloire et hommages.

Paon. — En voir un faisant la roue : richesse, belle femme, époux élevé en dignités, faveur du prince ou des grands.

Pantoufles. — Rêver qu'on est en pantoufles : aisance, contentement.

Pape : bonheur dans l'autre vie.

Papier. — Blanc : innocence.

—. Écrit : chicane.

—. Imprimé : bonne foi.

—. Peint : triomphe.

Papillons : inconstance.

Paradis : infortune, misère, chagrin de famille.

Paralysie : misère, maladie.

Parchemin : fermeté, opiniâtreté.

Parapluie : médiocrité, vie douce et obscure.

Pardon, pardonner : regrets, chagrin, deuil.

Parents. — En rencontrer : erreur, perfidie.

Parler. — Avec des animaux : maladie et souffrance.

Pâtisserie. — En faire : joie et profit.

Parfums. — En distribuer à ses amis : nouvelles agréables pour eux et pour soi-même.

—. En recevoir en présent : nouvelle agréable

en proportion de la suavité de leur odeur : gain, profit, bonheur, gloire.

Paume. — Y jouer : travail et peine à acquérir du bien ; querelles, injures dans le ménage.

Pavé : mauvais accueil.

Peau. — Basanée ou noire comme celle d'un mulâtre : trahison d'ami.

—. Si c'est une femme : adultère découvert, brouille de ménage, séparation inévitable.

Pêcher. — A la ligne : patience, oubli des injures.

Pèlerin. — En voir : heureux présage.

—. L'être soi-même : impénitence.

Pelle : travaux ingrats.

Pendu : revers de fortune.

Perdrix. — Commerce avec des femmes ingrates, fausses, malicieuses.

Père. — Voir le sien : allégresse.

—. Le voir mort : grand détriment.

Perles. — Misère, tristesse.

—. En pêcher : disette, famine.

—. En enfiler : ennui, solitude.

Perroquet. — Découverte d'un secret.

Peste. — En être atteint : fortune divulguée et que l'on cherche à vous ravir.

Petits-enfants. — Voir les pieds des siens : joie, plaisir, profit, consolation.

Pieds. — Baiser ceux d'autrui : repentir, aveu humiliant, changement de conduite.

—. Mordus d'un serpent ou par autre bête venimeuse : jalousie.

—. Se les laver dans une cuvette ou dans un autre vase : gourmandise.

—. Sentir quelqu'un vous en gratter la plante : ruine par les flatteurs, les parasites.

—. Se les voir laver avec des herbages odoriférants et parfumés : honneur et joie de la part de subordonnés.

—. Se les laver soi-même : ennui, chagrins, affections catarrhales, maladie de poitrine.

—. Coupés : peine et dommage.

—. Légers ou occupés à danser une danse agréable : joie, amitié, bienveillance universelle.

—. Y avoir le feu : présage le plus fâcheux que l'on puisse imaginer.

—. Les avoir malades : soulagement dans les peines, expédition d'affaires.

—. Sales et infects : tribulation, maladie honteuse.

Pièges. — Rêver qu'on tend des : sécurité.

Pierres. — Marcher dessus : peines et souffrances.

Pigeon. — Blanc : consolation, heureux succès d'affaires.

—. En entendre roucouler : heureux succès en amour.

Pipe. — En voir une : douce satisfaction.

—. La fumer : honneur sans profit.

—. La briser : sûreté, retour de la paix dans le ménage.

Pique. — Guerre prochaine.

Pistolet. — Ennui, tromperie, colère.

Plaine. — Songer parcourir une belle plaine : joie et prospérité.

Pleurer. — Joie, contentement, consolation.

Pluie. — Si l'on songe voir pleuvoir doucement sans orage ni tempête : abondance pour les cultivateurs et perte et dégâts aux autres.

—. D'or : grande joie.

—. D'argent : nouvelles d'absents.

Plumes. — En voir de blanches : richesse et contentement.

—. De noires : pleurs et retard en ses affaires.

—. En brûler : retard en ses entreprises, fuite à l'étranger.

Poignard. — Santé et longue vie.

Poignard. — En frapper quelqu'un : retour de la paix, vengeance assouvie.

—. En être frappé : nouvelles de parents éloignés.

Poires. — Voir ou manger des poires mûres : joie et plaisir.

—. Si elles sont âpres : tristesse, chagrins.

—. Les cueillir : amusement, bal, festin.

Pois. — Manger des pois bien cuits : réussite, sûreté dans les affaires et prompte expédition.

—. Crus : retard.

Poison. — Vengeance à assouvir.

Poissons. — Voir des poissons dans l'eau : abondance prospérité.

—. Prendre de gros poissons : gain et profit.

—. S'ils sont petits : tristesse.

—. En voir de diverses couleurs : accroissement de maladies, et si le songeur est en bonne santé, querelles, injures, souffrances.

—. Les voir morts : vaine espérance.

—. En tuer : on se livrera à des plaisirs coûteux.

Poitrine. — Songer avoir une belle poitrine : santé et joie.

—. Avoir la poitrine large : vie longue, fortune sur les vieux jours.

Poitrine.—L'avoir percée d'un coup d'épée : fâcheuse nouvelle.

Pomme. — Rêver de pommes et manger des pommes douces : plaisir, joie, divertissement.

—. Manger des pommes aigres : colère, chicane, querelle.

Pommier. — Voir un pommier en fleurs : heureux présage.

Voir un pommier sec : augure de pauvreté.

Pompe. — Songer qu'on pompe de l'eau claire : surprise, bénéfice, joie.

—. Si l'eau est trouble : perte et chagrin.

—. Si la pompe est tarie : deuil et pauvreté.

Pont. — Tomber d'un pont : prochain dérangement du cerveau.

—. Passer dessus : labeur pénible.

Porc. — Rêver de porcs : présage de difficulté avec parents riches.

Porc-épic. — Sa vue annonce des embarras dans les affaires.

Port de mer. — Voir un port de mer ou y entrer : bonne nouvelle, joie, profit.

Porte. — Voir brûler une porte : présage de mort de la maîtresse de la maison ou de celui qui a fait ce songe.

Porte. — Rêver de porte enfoncée : présage d'arrestation prochaine.

Portefeuille. — Rêver qu'on trouve un portefeuille : indique qu'on saura un secret.

Porteur d'eau. — En voir un : fatigue et ennui.

Portier ou concierge. — En voir un : méchanceté, calomnie, déshonneur.

Portrait. — Présage de longue vie à la personne qu'il représente.

—. En recevoir un : tromperie.

—. Voir un portrait brisé : mort d'un parent.

—. En faire un : travail sans profit.

Potage. — Rêver qu'on en mange un : retour de fortune ou de santé.

Potence. — Songer qu'on a été condamné à la potence : présage de réussite.

—. En voir une ou plusieurs, avec des pendus : infortune et ruine.

—. Y condamner quelqu'un : colère contre cette même personne, suivie d'un raccommodement et de bienfaits dont elle abusera.

Poule. — Qui pond : profit, gain.

—. Qui chante : joie et profit.

—. Voir une poule avec ses petits : perte d'argent.

—. Prendre des poules : chagrin et tristesse.

Poule. — Rêver qu'on est poule : solitude prochaine.

Poulet. — En voir : sûreté dans l'amitié de ses amis.

—. En tuer : retard dans la réussite de ses affaires.

Poumon. — Rêver qu'on est blessé à un poumon ou qu'on l'a perdu : danger imminent, désir trompé.

—. Songer avoir mal au poumon : maladie.

—. Les cracher : perte d'argent.

Pourceau. — Songer de pourceau : indique qu'on est entouré de gens intéressés qui ne songent qu'à vous exploiter.

—. En vendre : présage de dommage prochain.

Poux : Ils annoncent richesse, présagent de l'or et de l'argent.

Prairie. — Rêver qu'on est au milieu d'une prairie : plaisir et santé.

Voir faucher une prairie : heureux augure, avancement dans ses affaires.

Courir dans une prairie : partie de campagne et de plaisir très prochaine.

Précipice. — Y tomber : péril et danger de feu.

—. Y jeter quelqu'un : prochaine trahison d'amis.

Prélat. — En voir un : annonce un héritage provenant d'un parent.

Prêtre. — Voir: curé et église.

Prince. — Voir des princes ou être avec eux: fortune éphémère.

Prison. — Y être conduit: succès en affaires.

—. En sortir: malheur, deuil.

Procès. — Songer qu'on est en procès: présage de succession ou de grande amitié.

Procession. — En voir ou en suivre une: joie et bonheur.

Promenade. — Si l'on est seul: sécurité.

— Sur l'eau : trahison prochaine dont on sera victime.

—. De deux amants: bonheur passager.

Propriété. — Rêver qu'on en reçoit une en héritage ou en don signifie mariage avantageux.

Prune. — Songer qu'on voit ou qu'on mange des prunes: contentement et richesse, bonheur dans le ménage.

—. Si elles sont sèches: ennui et querelle.

Puce ou **Punaise.** — En être piqué: désagrément, ennui.

—. En tuer: triomphe sur ses ennemis.

Puits. — Songer qu'on voit un puits rempli

d'eau claire : future acquisition très avantageuse.

—. Si le songeur est marié : naissance d'enfant soumis et vertueux.

Si l'eau du puits déborde : perte de biens, mort de femme et d'enfants.

Si un jeune homme songe qu'il tire de l'eau claire d'un puits, il se mariera prochainement avec une belle jeune fille.

—. Si l'eau est trouble, il aura des ennuis et tombera malade.

Songer qu'on tombe dans un puits : présage d'injures et d'affronts, perte de procès.

—. Y précipiter quelqu'un : danger de mort du songeur.

Combler un puits : perte de biens ou mort d'enfant.

Punaise. — Y songer : mauvais présage.

Pyramide. — En voir : grandeur et richesse.

—. Être à leur sommet : acquisition avantageuse.

Q

Quai. — En voir un ou se promener sur: être à l'abri du danger.

Quarantaine. — La subir: péril évité.

Quenouille. — Songer qu'on voit ou qu'on tient une quenouille: présage de pauvreté.

Queue de cheval. — Rêver qu'on en voit une longue et bien fournie: bonheur et succès.

Rêver qu'on voit une queue rouge: querelle.

Quilles. — Y jouer: disgrâce, chagrin.

—. Les voir tomber: voyage, déplacement, perte dans son commerce.

Quittance. — En recevoir une: changement de domicile.

R

Racines. — Rêver qu'on en mange: amour trompeur.

Raisins. — En manger de mûrs: profit, jouissance, volupté.

—. S'il est aigre ou vert: petite contrariété suivie d'un grand profit.

—. Sec: ennui, chagrin.

—. Rouge: contrariété.

—. Blanc; réussite.

—. Les fouler aux pieds: triomphe sur ses ennemis.

Rajeunir. — Rêver qu'on redevient jeune: présage de bonheur.

Raser. — Se raser ou se laisser raser la barbe: perte d'argent ou de santé, mort sur l'échafaud.

Rat. — En voir courir: découverte d'ennemis cachés.

Rat. — En tuer: victoire et joie.

Rave. — Rêver qu'on en mange: présage de future discorde.

Reine. — Songer qu'on est reine: présage d'une famille nombreuse.

Religieux ou **religieuse.** — En voir ou on rencontrer: succession, riche héritage.

—. En voir plusieurs: deuil prochain.

—. Se battre avec eux: discorde dans son ménage.

Relique. — Rêver qu'on porte des reliques: présage de la découverte d'un trésor caché.

Remouleur. — En voir un: annonce une prochaine perte d'argent.

Renard. — En voir: présage un vol inattendu.

Se battre avec un renard: indique qu'on est entouré d'ennemis cachés et rusés.

Tuer un renard: réussite.

Avoir chez soi un renard apprivoisé, indique que l'on aimera une mauvaise femme.

—. Mêmes prédictions s'il l'on rêve de belettes, d'écureuil, etc.

Repas. — Rêver qu'on prend seul son repas: présage de pauvreté.

—. En nombreuse compagnie: naissance d'un fils.

Reptile. — Voir des reptiles: découverte prochaine d'ennemis cachés.

Revenant : menace de tromperie et supercherie.

Rire. — Rêver qu'on rit aux éclats: contrariété plus ou moins grande dans les quarante-huit heures.

Rivage. — Rêver qu'on aborde à un rivage lointain: tranquillité, bonheur.

Rivière. — En voir une claire et tranquille: présage heureux.

—. Troublée: le contraire.

—. Impétueuse: infirmité, incendie.

—. La voir entrer dans sa maison : richesse, abondance.

—. Y tomber: querelle, dispute.

—. S'y jeter: menace de ruine ou de folie.

Rocher. — Gravir un rocher : réussite prochaine dans ses entreprises.

Précipiter quelqu'un d'un rocher: querelle, dispute, révolte.

Être sur un rocher : présage de peine et de travail accablant.

—. Le descendre : perte de parent ou d'amis.

Roi. — En voir un au milieu de sa cour: menace d'embûches et de tromperies.

—. Lui parler : honneur et profit.

Le voir mourir : perte d'argent.

Romance. — Rêver qu'on entend une femme chanter une romance : présage qu'on obtiendra ses faveurs.

Ronce. — Songer qu'on est piqué par des ronces indique qu'on sera molesté par des méchants voisins.

Rose. — Voir ou sentir de belles roses : heureux présage, excepté pour les malades.

Rossignol. — Rêver qu'on entend chanter le rossignol : présage de mariage bien assorti et de mariage d'amour.

Roue. — Songer que les roues de la voiture dans laquelle on se trouve se brisent : retard dans ses projets.

Ruche. — En voir une : abondance, gain ou cadeau.

Ruine. — Voir des ruines : présage succès, fortune, triomphe.

Ruisseau. — Voir un ruisseau d'eau claire indique qu'on peut compter sur l'amitié de ses amis.

—. D'eau troublée : orage prochain dans le ménage.

S

Sacre. — Assister au sacre d'un roi : réussite passagère, triomphe d'un moment.

Sage-Femme. — Rêver qu'on voit ou rencontre une sage-femme : présage de cancans ou de postérité nombreuse.

Saigner. — Rêver qu'on saigne par le nez : maladie prochaine.

Salade. — Manger de la salade : maladie ou difficulté dans ses affaires.

Sang. — En voir en grande quantité : fortune, richesse.

—. Voir couler celui d'un autre : querelle, contestation.

—. Voir son sang couler : héritage.

Sanglier. — Le chasser : poursuivre ses ennemis et les mettre hors d'état de nuire.

—. En tuer : victoire complète.

Sansonnet. — Voir un sansonnet : joie, plaisir.

—. L'entendre siffler : chagrin par des parents.

Santé. — Si un malade rêve qu'il est en bonne santé : mauvais signe.

Sauterelle. — En voir : perte de récolte prochaine.

Savate : ennui, chagrin, pauvreté.

Savetier. — En voir ou en rencontrer un : augmentation de famille ou rentrée d'un peu d'argent.

Sceptre. — En voir un : pauvreté ou courte maladie.

—. En voir plusieurs : profonde misère.

Scier. — Songer qu'on scie du bois : réussite et contentement.

Sein. — Rêver qu'on voit un beau sein de femme : mariage prochain.

Si le sein est ridé et flétri : mort d'enfant ou pauvreté.

Seine. — Rêver qu'on traverse la Seine : abondance et richesse.

Semer. — Songer qu'on sème du blé : joie et richesse.

Sépulcre ou sépulture : héritage.

Sérail. — Être dans un sérail : amour et volupté.

Serin. — Voir envoler un serin : voyage lointain.

Sermon. — Entendre un sermon : prochains ennuis.

Serpent. — En voir un : séduction prochaine.

—. En tuer un : victoire sur ses ennemis.

—. En être mordu : tristesse et déplaisir.

—. A plusieurs têtes : chute et péché.

Serrure : menace de vol.

Serrurier : perte d'effets.

Servante : médisance, caquets.

Sifflet. — Rêver qu'on entend un sifflet : danger terrible.

Singe. — En voir un ou plusieurs : être entouré d'ennemis malicieux et inconnus.

Sœur. — Songer qu'on voit sa sœur : prochain retour d'une personne aimée.

Soif. — Dans une soif ardente, boire de l'eau claire et fraîche : richesse et contentement.

Soldat. — En voir un : bruit, querelle.

Soleil. — Le voir : révélation de choses cachées.

Aux malades, le soleil présage : la guérison.

—. Aux prisonniers : la liberté.

Soleil. — Levant : bonne nouvelle, prospérité.

—. Couchant : perte, fausse nouvelle.

—. Le voir descendre sur sa maison : danger de feu.

—. En voir les rayons autour de sa tête : honneur et gloire.

—. Entrant dans la chambre et l'éclairant : gain, profit.

—. S'il est couvert de nuages ou sombre : troubles politiques.

—. Le voir s'obscurcir ou disparaître : signe de mort.

Sonnette. — En entendre ou en agiter une : dispute domestique.

Soufflet. — Rêver qu'on en donne un : paix et amour dans le ménage.

—. Si le rêveur n'est pas marié : succès assuré dans ses amours.

Soulier. — Songer qu'on a des souliers percés et qu'on marche dans la boue : ennui et pauvreté.

—. Les nettoyer : guérison ou fin de misère.

—. En avoir de neufs : profit.

Soupe. — Rêver qu'on fait ou qu'on mange de la soupe : retour de fortune ou de santé.

Sourcil. — Rêver que vos sourcils sont tombés : trahison d'amant ou de maîtresse.

Souris. — Songer en attraper ou en tuer annonce qu'une méchante femme vous fera de la peine.

Souterrain. — Rêver qu'on est sous terre ou dans un souterrain : présage d'un voyage sur eau.

Squelette. — En voir : mort horrible.

Statue. — Si elle représente une belle femme nue, agréable à voir : bonheur et réussite dans tout ce qu'on entreprendra.

Stylet. — Songer en être frappé : nouvelle de mort.

Sucre. — En manger : confiance qui sera trompée.

Suicide. — Rêver qu'on se suicide : présage d'amour contrarié.

Supplice. — En endurer un : richesse et honneur éphémères.

Sirène. — En voir une : signifie trahison prochaine.

T

Tabac. — Rêver qu'on en prend : plaisir de courte durée.

—. En répandre : ennui, mauvaise chance.

Table. — En voir une bien servie : joie, allégresse.

Mettre la table : abondance.

Tableau. — En peindre : joie sans profit.

Tablier. — Se voir vêtu d'un : servitude toute sa vie.

Taches. — Sur les habits : mélancolie.

—. Dans le soleil : effroi ridicule.

Taffetas : richesse bientôt dissipée.

Tailleur : infidélité, mauvaise foi.

—. De pierre : profit, avantage.

Tambour. — Entendre le son du tambour : perte de peu d'importance.

Tapisserie. — Rêver qu'on en fait : joie sans profit, perte de temps.

Taupe : entêtement et aveuglement sans profit.

Taureau : grand personnage, dont on recevra du bien ou du mal selon que le taureau, son emblème, fait du bien ou du mal dans le songe.

Tempête. — Songer être renversé par la tempête : embûche prochaine.

—. En être blessé : mort d'un parent.

Voir une tempête : grand péril.

Temps. — Rêver de beau temps : sécurité trompeuse.

De mauvais temps : affliction.

Tenailles : tourment, persécution.

Ténèbres. — Être au milieu des ténèbres : tristesse, mélancolie.

Marcher en dépit des ténèbres : réussite à force de soins.

Tente : guerre prochaine.

Terre. — La voir noire : tristesse, mélancolie.

—. La baiser : humiliation et chagrin.

—. En manger : pauvreté, abandon.

Marcher sur une bonne terre : union avec une belle femme.

Si la terre est couverte de blé : argent.

Testament. — Faire le sien : présage de mort.

Testament. — Faire celui d'un autre : joie, profit.

—. En déchirer un : perte de biens.

Tête. — En voir une sans corne : délivrance, liberté.

Avoir la tête d'un mort : joie profonde.

Laver sa tête : éloignement de tout danger.

—. La couper à quelqu'un : succès d'entreprises, triomphe sur les ennemis.

—. L'avoir tranchée (si l'on est prisonnier) : liberté.

—. Malade : santé.

—. Affligée : consolation.

—. Tranchée par assassins ou brigands : perte d'enfants, de parents, d'héritage, de mari ou d'épouse.

—. Par arrêt de justice : délivrance d'ennui et de toute autre affaire fâcheuse, excepté dans la banque, le commerce et la finance, où ce songe est funeste.

—. L'avoir comme celle d'un nègre : voyages lointains, expédition d'affaires.

—. L'avoir petite, légère ou pointue : faiblesse d'esprit, servitude, déshonneur.

—. L'avoir plus grosse que de coutume : dignité de robe ou d'église, selon l'état du songeur ; gain d'un procès, victoire sur ses ennemis.

Tête. — Enflée : richesse et profit.

—. Y avoir mal : perte de créance.

—. En avoir deux : société ou association.

—. De mort : besoin de prévoyance, de précaution, embûches à craindre.

Thé. — Rêver qu'on prend du thé : encombrement d'affaires.

Thermomètre. — Rêver qu'on en consulte un : complot, attaque sourde à la réputation.

Tigre. — En voir un : ennemi jaloux.

—. Le terrasser : succès.

—. Le tuer : triomphe complet, bonne fortune.

Tire-bouchon : fortune imprévue.

Toit. — Songer qu'on est sur un toit : commandement ; dignité.

Tombeau. — Le bâtir : mariage ; noces, naissance d'enfants.

—. S'il tombe en ruine : maladie et misère personnelles ou dans la famille.

Tomber : déshonneur.

—. Et se relever à diverses reprises : honneurs.

—. Dans l'eau ou dans la mer ; si l'on s'éveille en sursaut : commerce avec une personne mariée, perte de santé, d'honneur, de biens ; peine extrême pour se soustraire aux embûches de ses envieux, de ses ennemis.

Si le rêve se prolonge : persécution.

Torche ou flambeau ardent. — Les tenir est bon signe, surtout pour la jeunesse : amours et entreprises tourneront au gré de vos désirs ; vous obtiendrez victoire sur vos ennemis, honneur et bienveillance de tout le monde.

— Les voir allumés dans les mains d'autrui : signifie la découverte par autrui du mal qu'on a pu faire et sa punition, quelque ruse qu'on emploie pour l'éviter.

—. S'ils sont éteints, c'est le signe contraire.

Torrent. — Marcher dans son eau : chagrins, adversité.

—. S'y débattre sans pouvoir y échapper : danger que l'on court par maladie ou procès interminable.

Torture. — La subir : être entouré d'ennemis secrets.

Tour. — Tomber d'une tour : Malheur imminent.

— Entendre la cloche d'une tour : annonce de nouvelles très prochaines et très agréables.

Tours d'adresse, de force (faire des) : gaîté, surprise agréable.

Tourterelles. — En voir : présage de mariage, de fidélité et de bon ménage.

Toux. — Rêver qu'on tousse : longue vie.

Tragédie. — En voir jouer une : perte d'amis et de biens, tristesse.

Travail. — De la main droite : bonheur personnel et dans la famille.

—. De la main gauche : gêne momentanée.

Tremblement. — De terre : danger pour la fortune et même la vie du songeur.

—. S'il tient au gouvernement, c'est le présage d'un coup de révolution ou d'autorité qui surprendra tout le pays.

Si le tremblement de terre renverse une maison, ou seulement les toits, une muraille, des portes : ruine et mort des principaux membres de la famille.

Tricot, tricoter : menace de médisance et de malins propos sur celui ou celle qui rêve.

Tronc des pauvres. — En voir un : détresse, misère.

Tuer. — Son père ou sa mère : présage le plus funeste pour l'objet dont on s'occupe.

—. Des animaux : victoire sur ses ennemis.

U

Ulcères. — Rêver qu'on en a aux jambes : souci, chagrin, travail sans profit.

—. Aux bras : ennui, tristesse, perte de biens et de temps.

—. En avoir le dos couvert : triomphe d'ennemis ou d'envieux.

Uniforme. — En porter un : gloire, valeur, célébrité.

Urine. — En boire : rétablissement de santé.

Usure. — Y avoir recours : présage de persécution.

V

Vaches. — Leur nombre désigne celui des années.

Voir ou posséder des vaches grasses : abondance.

Maigres : disette.

Vaisseau. — Songer qu'on est sur un vaisseau : voyage prochain.

—. À la voile : bonne nouvelle.

Vaisselle d'étain : présage de douce aisance.

Vase. — En voir un près d'une fontaine : jours heureux et bien remplis.

Vautour. — En voir voler un : maladie longue, dangereuse et parfois mortelle.

—. En tuer : retour de la chance; fortune favorable.

Veillée. — Rêver qu'on est à la veillée : présage de médisances et de calomnies.

Velours : honneur, richesse.

Vendanges : plaisir, santé, joie, richesses proportionnées à la quantité du raisin.

Vengeance : procès long et ruineux.

Vent : péril de fortune, angoisses.

Ventre. — Avoir le ventre plus gros que de coutume : augmentation de richesses.

—. Plus maigre : délivrance de mauvaises affaires.

—. Le voir enflé : pauvreté.

—. Y avoir mal : soucis, chagrins.

—. Affamé : désir insatiable et vie abrégée.

Vers. — A soie : amis secourables et bienfaisants.

—. De terre : ennemis secrets, armés pour vous nuire.

Verdure : partie de campagne.

Verjus : retour de jeunesse.

Verre d'eau. — En recevoir un : prompt mariage ou naissance d'enfants.

—. Cassé sans que l'eau soit répandue : mort de la femme, salut de l'enfant.

Verrou : peine secrète, chagrin.

Veste. — En avoir une ou en être vêtu : mauvaise chance et misère.

—. Brodée : fortune, place imminente.

Vêtements. — Blancs : joie et plaisir prochains à qui les porte.

Vêtements. — Sales, déchirés ou grossiers : ennui, tristesse à venir.

—. Couverts d'or ou de broderies : respect, honneur.

—. En porter de diverses couleurs : chagrins, tribulations.

—. Noirs : joie.

Veuvage : satisfaction, joie.

Viande. — Voir de la viande : allégresse.

—. En manger : joie troublée, dommage et perte.

—. Si elle est noire et coriace : chagrins, deuils.

Vidangeur : mauvaises nouvelles.

Vieillard : Réussite dans ses entreprises.

Vielle. — En jouer : chagrins retardés.

Vierge. — En connaître une : plaisir sans regret.

Songer qu'on parle à la Vierge : joie, consolation.

Enlever une vierge : maux et chagrins cuisants.

—. L'embrasser : bonheur parfait.

Village. — Rêver qu'on voit ou qu'on est dans un village : perte d'argent et de situation.

Villageois, villageoises : absence de tout souci, gaîté.

Ville. — Abîmée par tremblement de terre. Si le songeur reconnaît cette ville : présage de guerre et désolation.

—. S'il ne la connaît pas : ces malheurs accableront le pays ennemi.

—. Incendiée : guerre ou épidémie dont souffrira la ville.

Vin. — En voir couler : effusion de sang.

—. En boire pur : force, vigueur.

—. Mêlé d'eau : état successif de santé et de maladie.

—. Blanc : divertissement, récréation, partie de plaisir à la campagne.

—. Trouble : richesse.

—. Rouge : on sera aimé d'un amour ardent. S'enivrer de vin muscat ou autre liqueur douce et agréable : amitié d'un grand, fortune à venir.

Vinaigre. — Rêver qu'on en boit : s'attendre à un affront personnel, à une insulte grave.

—. En boire : contrariétés, désagréments, chagrins domestiques.

Violette. — Dans la saison : procès, perte de biens ou d'amis.

—. Double : bonheur, mariage heureux.

Violon. — Rêver qu'on en joue : présage de bonheur en ménage.

Vipère : inimitié irréconciliable.

Visage. — Frais, vermeil et riant : longue vie.

—. Maigre et blême : ennui, pauvreté, maladie, mort prématurée.

Visites. — En recevoir : pleurs et chagrins.

—. En rendre : querelle, injustice.

—. Du médecin : profit.

Vivandière. — Ressource au dernier moment, gain à la loterie.

Voile. — De femme (en apercevoir un) : modestie et bonnes qualités dans la personne aimée.

—. De vaisseau : bonnes nouvelles.

Vol d'habits, d'argent, de provisions, en supporter le dommage : mort du songeur ou de quelqu'un de ses proches ou amis.

Volant et raquette : bonheur et joie.

Voler. — Des effets : sûreté, réussite, surtout si l'on est pris.

—. Dans les airs : chute et ruine prochaines.

—. Sans ailes : succès assuré.

Voleurs entrant furtivement dans la maison : sûreté dans ses affaires.

Vomir : mariage manqué.

Voyager. — A pied : aller au-devant de grands déboires.

Voyager. — L'épée au côté : mariage.

—. En compagnie : menaces de médisances de calomnies.

—. En voiture : fortune assise.

Vue. — Rêver qu'on l'a longue et forte : bonheur et réussite dans toutes entreprises.

—. Courte et trouble : misère et insuccès.

Y

Yeux. — Malades : faute dont on se repentira trop tard; perte d'enfants ou d'amis.

—. Chassieux : mauvais discernement, menace d'affaires désastreuses.

Z

Zèbre : amitié mal placée.

Zéphir : nouvelles prochaines de ceux qu'on aime.

Zig-zag. — Rêver qu'on va en zig-zag : haut et bas dans la vie.

Zodiaque. — En voir un signe quelconque : fortune par la loterie.

Paris. — Imp. P. Mouillot, 13, quai Voltaire. — 23169.

www.ingramcontent.com/pod-product-compliance
Lightning Source LLC
Chambersburg PA
CBHW060208100426
42744CB00007B/1210